数学が苦手でもわかる
心理統計法入門

基礎から多変量解析まで

芝田 征司 著

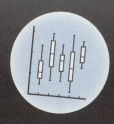

サイエンス社

はじめに

心理学と統計

　心理学は人の心や行動を対象とした研究・応用領域です。そして，まずほとんどの心理学研究が何らかの統計手法を用いています。心理学を学ぶうえで「統計」は避けては通れないものなのです。しかし，我が国では心理学科や心理学専攻がいわゆる文系学部に設置されていることが多く，心理学科・専攻には数字が苦手，数字を見るのも嫌という学生も多いようです。

　そもそも，なぜ心理学で統計が必要なのでしょうか。人の心を研究するのに，なぜ数字が必要になるのでしょうか。ここで次の例を考えてみましょう。AさんとBさんとでは，どちらがより頑固なのでしょうか。また，CさんはDさんに比べてどの程度内向的なのでしょうか。

- Aさんはかなり頑固である。Bさんはとても頑固である。
- Cさんはとても内向的である。Dさんはやや内向的である。

　AさんとBさんでは，Aさんが「かなり」，Bさんは「とても」頑固ということですが，「かなり」と「とても」はどちらがより頑固なのでしょうか。また，CさんとDさんではCさんのほうが内向的であることは間違いないのでしょうが，「とても」と「やや」でどれぐらい違うといえるのか，違いの程度がこれではよくわかりません。また，「かなり」と「とても」，「とても」と「やや」の程度についての判断は，人によってとらえ方が異なる可能性もあります。

　これが，たとえばAさんの頑固さ得点は100点満点中80点，Bさんは100点満点中85点といった形で数値化されていれば，BさんのほうがAさんに比べてわずかに頑固であるといったことが一目でわかりますし，「5点の差」であることは誰がみても変わりません。このようにして，「頑固さ」という，はっきりとした形のない心理的なものを数値で表現することにより，

その対象をより客観的な形でとらえることができるようになります。

また，100点満点中80点と100点満点中85点で「5点の差」があることは確かですが，これを「たいした差ではない」と感じる人もいれば，「結構違う」と感じる人もいるかもしれません。こうした結果について，それぞれの研究者が自分の感覚だけを基準に「差がある」や「差がない」などと判断していたのでは，同じ結果でも「差があった」「差がなかった」と意見が分かれることになり，研究結果に説得力がなくなってしまいます。そこで心理学では，客観的な判断基準として統計的な「検定」の結果を用いるのです。

とくに心理学の場合，研究の対象は人々の心の働きや性質など，直接的には見たり触ったりすることのできない要素です。そのため，何らかの方法でそれらの要素を数値化してみえる形にすることや，それらを統計的に処理することで判断基準を明確化することは，心理学において非常に重要なことなのです。

ただし，心のさまざまな側面をどのように数値化してとらえるかについては本書では扱いません。心を数値化（計量化）してとらえる方法は，「計量心理学」や「心理測定法」といった授業の中で学ぶことでしょう。本書で扱うのは，測定によって得られた結果に対する統計処理の部分です。

統計の使用場面

心理学の研究では，主に以下の目的で統計を使用します。

- 要素間に違いがあるかどうか，関連があるかどうかを示す。
- 要素間にある複雑な関係を整理し，理解可能な形にする。

近年では統計処理はコンピュータで統計ソフトを使って行うことがほとんどですが，統計ソフトはデータを入力して実行すれば結果を出してくれはするものの，分析方法そのものが適切かどうかまでは教えてくれません。統計を正しく用いるためには，それぞれの統計手法がどのような考えでどのような計算を行っているのかについて知っておくことが重要です。

本書の構成

　本書の第Ⅰ部は，データを要約するための記述統計の基本を取り上げます。なお，第Ⅰ部の内容は，高校の「数学Ⅰ」における「データの分析」とほぼ重複するものです。また，第Ⅱ部では推測統計と仮説検定の考え方を取り上げますが，このうち推測統計の部分は「数学B」の「確率分布」で扱われる内容です。このように，第Ⅰ部と第Ⅱ部の内容は高校数学の範囲と重複する部分も多いのですが，これらは心理統計法の中でもとくに基本的で重要な部分ですのでしっかり理解を深めてほしいと思います。

　第Ⅱ部の最後には「効果量」を取り上げました。近年，心理学を含むさまざまな領域で，従来の有意性検定第一の考え方から，記述統計の重要性を再認識する方向へと変化が起きつつあります。そうした中で，最近の論文には効果量とよばれる指標が記載されることが多くなってきました。この効果量については，これまで統計法の入門書であまり扱われてきませんでしたので，本書で基本的なところを説明しておくことにします。

　本書の第Ⅲ部では，基本的な多変量解析の手法について説明します。多変量解析とは，種類の異なるたくさんのデータをひとまとめにして分析（解析）する統計手法の総称です。多変量解析にはベクトル・行列を用いた計算や微分・積分などが頻出するため，心理統計法の入門書で扱われることはあまりありません。しかし，実際の研究においては多変量解析が多用されており，研究論文を読んで理解するためにはそれらの分析手法について最低限の知識が必要になります。

　多変量解析については『多変量解析入門』というような書籍もたくさん出版されているのですが，それらはやはりある程度数学的な知識がある人を対象としていることが多く，数字が苦手な学生にとって難易度が高いものが多いように思われます。そこで本書の第Ⅲ部では，まずはそれらの統計手法で何がどう分析されているのかということだけでもわかるように，多変量解析の中でも心理学でとくに使用頻度が高いものについて基本的な解説を加えました。

はじめに

　本書は，数学や数字に対して苦手意識をもつ人を対象とした心理統計法の入門書です。そのため，説明には日常的な言葉を用い，できるだけ数学的な表現や用語は使わないようにしましたが，数学が得意な人にとっては説明がまどろっこしいと感じられたり数学的な厳密さが足りないと感じられたりする部分があるかもしれません。また，非常に基本的なところしか扱っていませんので，内容的に物足りなく感じる人もいるかもしれません。しかし，心理統計の授業についていけるかどうかとても不安だというような人たちに，本書を通じて心理統計のハードルを少しでも低く感じてもらえるなら，著者として大変嬉しく思います。

目　次

はじめに ……………………………………………………………………………… i

第Ⅰ部　記述統計 —— データを要約して記述する　　　　　　　　　1

第1章　データの種類　3
- **1.1** 尺度水準 …………………………………………………………… 3
- **1.2** 量的データと質的データ ………………………………………… 9
- **1.3** データ，変数，変量 …………………………………………… 10
- ポイント ………………………………………………………………… 12

第2章　データを要約する指標　13
- **2.1** データを代表する値 …………………………………………… 13
- **2.2** データの散らばりの指標 ……………………………………… 21
- **2.3** 標準化 …………………………………………………………… 26
- ポイント ………………………………………………………………… 31

第3章　関係を要約する指標　32
- **3.1** 比率尺度・間隔尺度データの関係の指標 …………………… 32
- ポイント ………………………………………………………………… 47

第4章　データの視覚化　48
- **4.1** 表の種類 ………………………………………………………… 49
- **4.2** グラフの種類 …………………………………………………… 52
- **4.3** グラフを使用する際の注意点 ………………………………… 58
- ポイント ………………………………………………………………… 61

第Ⅱ部 推測と検定 ── 一般的傾向の把握　　63

第5章　推定と検定　65
- **5.1** 母集団と標本 …………………………………………… 66
- **5.2** 母集団の推定 …………………………………………… 70
- **5.3** 統計的検定 ……………………………………………… 82
- ポイント ………………………………………………………… 87

第6章　平均値の検定　88
- **6.1** 平均値が1つの場合の検定 …………………………… 88
- **6.2** 平均値が2つの場合の検定 …………………………… 93
- ポイント ………………………………………………………… 104

第7章　分散分析　105
- **7.1** 1要因分散分析 ………………………………………… 106
- **7.2** 多重比較 ………………………………………………… 113
- **7.3** 2要因分散分析 ………………………………………… 116
- ポイント ………………………………………………………… 123

第8章　度数・比率の検定　124
- **8.1** 適合度検定 ……………………………………………… 124
- **8.2** 独立性検定 ……………………………………………… 127
- ポイント ………………………………………………………… 133

第9章　検定結果の解釈と報告　134
- **9.1** 有意検定と効果量 ……………………………………… 134
- **9.2** 検定結果の示し方 ……………………………………… 140
- ポイント ………………………………………………………… 142

第Ⅲ部　多変量解析 —— 複雑な関係を解き明かす　　143

第10章　回帰分析　　145

10.1　単回帰分析 …………………………………… 146
10.2　重回帰分析 …………………………………… 156
　ポイント ………………………………………………… 161

第11章　因子分析　　162

11.1　因子分析のタイプ …………………………… 163
11.2　探索的因子分析 ……………………………… 164
11.3　検証的因子分析 ……………………………… 180
　ポイント ………………………………………………… 184

第12章　構造方程式モデリング（SEM）　　185

12.1　結果の図の読み方 …………………………… 185
12.2　構造方程式と測定方程式 …………………… 189
12.3　適合度の指標 ………………………………… 191
　ポイント ………………………………………………… 193

おわりに ………………………………………………………… 195
付　　録 ………………………………………………………… 197
索　　引 ………………………………………………………… 211
著者紹介 ………………………………………………………… 217

第 I 部

記述統計
データを要約して記述する

たとえば，大学生の月々のアルバイト収入について調査したとします。調査対象が数人であれば，Aさんの収入はいくら，Bさんはいくらというように，全員の収入を1人ずつ記載しても問題ないでしょう。しかし多くの場合，調査では何十人，何百人（時には何千人）からデータを集めることになります。何百人ものアルバイト収入について，報告書に1人ずつ金額を記載したらどうなるでしょうか。おそらくその報告書は何十ページにもわたって金額が書き連ねられたものとなり，見るだけでも大変なものになってしまいます。そのような報告書では，調査結果を理解することはできないでしょう。

また，月々のアルバイト収入についての調査報告が「大学生の10人に1人は今のアルバイトを辞めたいと思っている」だったらどうでしょうか。月々のアルバイト収入額を知りたいのに，これではいくらぐらいの収入があるのかがまったくわかりません。

日常場面で「1カ月あたりの一般的な収入額はいくらか」と聞かれて「5人」と答えたり，数十人分の金額をひたすら読み上げたりするような人はいないでしょう。しかしデータ分析では，データの性質を考えずに不適切なまとめ方をしたり，間違った分析を行ったりする例がしばしばみられます。

さまざまな実験や調査は，関心のある問題について事実を明らかにし，理解を深めるために行われるものです。またほとんどの場合，報告書や論文という形で，実験・調査の結果を他者に伝えなくてはなりません。たとえどんなに手間暇をかけた実験や調査であったとしても，結果がまとめられていなかったり，まとめ方が的はずれなものであったりすれば，それにはほとんど価値がありません。

そこで重要になってくるのが，データを要約したり記述したりするための統計です。データの要約や記述に用いられる統計は記述統計や要約統計などとよばれます。記述統計は，さまざまな統計手法の基礎となる非常に重要な部分です。

1 データの種類

　実験や調査で得られるデータにはさまざまな種類があります。たとえば，ある集団に属する人々の性別と年齢を調べたような場合でも，性別についてのデータは「男性」や「女性」，年齢についてのデータは「20歳」や「25歳」，あるいは「20代」や「30代」というように，異なる形で得られることでしょう。そしてデータの種類が異なれば，適切な集計の方法や報告の方法も異なるのです。本章ではまず，データの種類にどのようなものがあるのかをみていくことにします。

1.1　尺度水準

　データはさまざまな尺度によって得られます。尺度とは，あるものの量や質を測るための基準となる「ものさし」のことです。この尺度にはさまざまなものがありますが，一般的にはスティーヴンスの尺度水準とよばれる考えに基づいて，比率尺度，間隔尺度，順序尺度，名義尺度の4つに分類されます。

　尺度水準というように，これらの尺度には水準（レベル）の高低があり，水準の高いほうから順に，比率尺度，間隔尺度，順序尺度，名義尺度となります。尺度の水準が高いというのはどういうことかというと，その尺度で得られたデータがより多くの情報をもち，さまざまな処理を行うことができるということです。水準の高い尺度で得られたデータではさまざまな処理が可能ですが，尺度の水準が低くなるにつれ，可能な処理は限定されます。

1.1.1 比率尺度

　身長計や体重計を用いて測定された身長データや体重データ，ストップウォッチで計測された 50 m 走のタイムなど，計測器を用いて測定されるようなデータの多くは比率尺度（比例尺度）を用いて得られます。比率尺度という名前が示すように，この尺度で得られたデータでは測定値同士の比率が意味をもちます。

　たとえば，父親の身長が 180 cm で子供の身長が 90 cm だとすると，父親の身長は子供の身長の 2 倍であり，子供の身長は父親の身長の 1/2 です。また，通学時間が 30 分の A さんと 1 時間（60 分）の B さんとでは，A さんは通学にかかる時間が B さんの 1/2 であり，B さんの通学時間は A さんの 2 倍となります。

　比率尺度を用いて得られたデータは，比率尺度データや比率データなどとよばれます。比率尺度は 4 つの尺度水準の中ではもっとも水準が高い尺度で，計算処理としては測定値同士の足し算，引き算，掛け算，割り算のすべてが可能です。

　測定値同士の比率が意味をもつためには，尺度の原点（0 の点）が絶対的なものであることが必要です。「0 の点が絶対的である」とは，「測定値が 0 ということは『それがない』ことを意味する」ということです。定規で測った長さが「0 cm」であれば，それは「長さがない」ということを意味します。また「重さ 0 kg」は「重さがない」ということですし，「所要時間 0 分」であれば「時間がまったくかからない」ということです。また，「0」という測定値が「無」を意味するのですから，0 より小さい値，つまり「マイナスの値」になることはありません（図 1-1）。

　なお，計測器で測定されるものがすべて比率尺度データというわけではありません。たとえば，気温（摂氏温度）は温度計を用いて測定することができますが，気温が「摂氏 0 度」であるということは「気温がない」という意味ではありません。摂氏温度では氷点（水が凍る温度）を便宜的に 0 としているだけだからです。そのため，摂氏マイナス 35 度といったように，0 よ

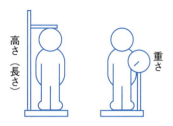

図 1-1 長さや重さなどの絶対的な「量」として得られるものが比率尺度

りも小さいマイナスの値が存在します。このような，絶対的な原点をもたない尺度は比率尺度ではありません。

1.1.2 間隔尺度

先ほど例としてあげたように，摂氏温度の「0度」は便宜的に定められた基準点であり，その対象が「ない」ことを意味するものではありません。そのため，摂氏10度と20度を比較して，摂氏20度のほうが摂氏10度より2倍暖かいというように比率を考えるのは誤りです。20度が10度の2倍暖かいのだとしたら，では摂氏5度は摂氏マイナス10度の何倍でしょうか。この計算が意味をなさないのはよくわかると思います。

このようなデータでは，測定値同士の比には意味がありませんが，測定値同士の差には意味があります。摂氏温度の例でいうと，摂氏10度と20度，摂氏20度と30度では，それぞれの値に10の差がありますが，これはどちらも「摂氏10度の差」であり，「同じだけ離れている」ということを意味します。このような，測定値間の差が同じであればその間隔も同じであることが保証された尺度は**間隔尺度**とよばれ，この尺度で得られたデータは**間隔尺度データ**や**間隔データ**などとよばれます（図1-2）。

代表的な間隔尺度データには，例であげた摂氏温度の他に，知能指数（IQ）や学力偏差値，年月日などがあります。その他，海抜を用いた地面の高さなども間隔尺度によるデータです。海抜は近隣の海面の高さを基準とした高さの指標で，「海抜0 m」は「基準となる海面の高さと同じ」という意

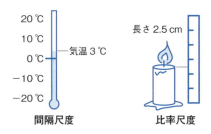

図 1-2　間隔尺度の基準点 (0) は便宜的なものであり，値が「0」であっても「無」ではない

味であり，「高さがない」という意味ではありません。

　すでに述べたように，間隔尺度データでは測定値の差には意味がありますが，測定値の比は意味をもちません。そのため，測定値同士の足し算や引き算は可能ですが，測定値同士の掛け算や割り算はできません。たとえば，平成 10 年生まれと平成 20 年生まれでは 10 歳差があるという計算は正しいですが，平成 20 年生まれと平成 10 年生まれで年齢が 2 倍違うという計算は正しくありませんし意味をなしません。

1.1.3　順序尺度

　データの中には，測定値同士の差が意味をなさないものもあります。たとえば，徒競走でのゴール順位などがそうです。1 位と 2 位，2 位と 3 位では，どちらも順位としては 1 つの違いですが，その間隔が等しいかどうかは保証されていません。そのため，順位の間で差を求めることにはあまり意味がありません。

　また，順位を表すデータでは「金・銀・銅」のように値が数値ではない場合もあります。このようなデータでは，測定値同士の比率どころか差を求めることもできません。

　ただしこれらのデータでは，ゴール順 1 位は 2 位や 3 位より先にゴールしたこと，金は銀や銅よりも順位が上であることは明らかです。このような，間隔の等しさは保証されないが順序関係は明らかである尺度を**順序尺度**（順

位尺度）といい，この尺度で得られたデータを**順序尺度データ**や**順序データ**などとよびます（図 1-3）。

図 1-3　順序尺度で明らかなのは，測定値間の順序関係だけである

　順序尺度で得られたデータでは，測定値間の間隔が等しいという保証がないため，測定値同士で足したり引いたりすることはできません。順序尺度データでできるのは，同順位の測定値の個数を数えることと，測定値の大小比較や順序比較をすることだけです。

　なお，「体重」はもともと比率尺度で測定可能なものですが，これを「40 kg 未満」「40 kg 以上～60 kg 未満」「60 kg 以上」のような分類で測定した場合，これは順序尺度データになります。「40 kg 未満」と「40 kg 以上～60 kg 未満」では「40 kg 以上～60 kg 未満」のほうが体重が重いことは明らかですが，これらの比率や差を求めることはできないからです。

　また，心理尺度で頻繁に用いられる「まったくそう思わない・あまりそう思わない・どちらでもない・ややそう思う・とてもそう思う」といった段階評定も，厳密な意味では順序尺度です。「まったくそう思わない」と「あまりそう思わない」，「あまりそう思わない」と「どちらでもない」の間が等間隔であるという保証がないからです。しかし，順序尺度のデータは分析の方法が非常に限られているということや，経験的にはこれらの評価値の間隔はほぼ等間隔であると考えられること，5 段階から 7 段階程度以上の場合には間隔尺度として処理をしても大きな問題は生じにくいといったことなどから，多くの場合これらは便宜的に間隔尺度として扱われています（図 1-4）。

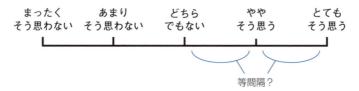

図 1-4　段階評価は厳密には順序尺度であるが，間隔尺度として扱われることも多い

1.1.4　名義尺度

　性別や好きな食べ物，行きたい場所などを調査して得られた値は，「男性」「女性」や「カレー」「ハンバーグ」といったものになるはずです。これらの値は，それぞれの対象の「種類」や「グループ」を指し示すものであり，そこには順序尺度データにみられるような明白な順序関係が存在しません。もちろん，これらのデータで測定値を「あいうえお順」に並べ替えたりすることはできますが，同じデータを「イロハ順」や「アルファベット順」に並べ替えると順序が変わってしまうというように，つねに同じ順番が保証されているというわけではありません。

　このような，測定値間に大小関係や順序関係がなく，種類や分類を示すだけの尺度を名義尺度といい，この尺度で得られるデータを名義尺度データや名義データなどとよびます（図 1-5）。代表的な名義尺度データには，性別や出身地，職業，利き手などがあげられます。

図 1-5　順序尺度データは「順序」を表し，名義尺度データは「分類」を表す

名義尺度で得られるデータは数値ではありませんので，測定値同士で足したり引いたりすることはできません。また，順序尺度にあるような明確な順序関係もないため，名義尺度データで可能なのは回答が何種類あったのかを数えたり，それぞれの種類に含まれる値がいくつあったのかを数えたりすることだけです。

なお，たとえば郵便番号や電話番号など，名義尺度の中にも一見数値データのようにみえるものがあるので注意が必要です。これらは地域を区分するために数字を割り当てているだけで，そこで使用されている数字に「数値」としての意味はありません。東京の市外局番（03）と大阪の市外局番（06）を足したり引いたりするのが無意味であることはよくわかると思います。

1.2 量的データと質的データ

先ほど取り上げた 4 つの尺度水準のうち，比率尺度や間隔尺度によるデータは量的データや定量的データなどともよばれます。どちらのデータも対象の数や量を表すものだからです。これに対し，順序尺度や名義尺度によるデータは質的データや定性的データなどとよばれます。量的データは数値としての性質をもちますが，質的データに数値としての性質がありませんので測定値間で計算することはできません。質的データは対象の性質や種類の違いを表すものです。

また，連続データと離散データという区分もよく用いられます（図1-6）。連続データとは，それぞれの測定値の間に明白な切れ目がなく，連続して続いているもののことです。たとえば身長の場合，170 cm と 171 cm の間にはっきりした境界があるわけではありません。この 2 つの間には，170.5 cm や 170.25 cm などのように中間の値があり得ますし，それら中間の値は細かく分けようとすればいくらでも細かく分けることができます。

これに対し，離散データは値の境目がはっきりしているデータです。たとえば，人数や個数，回数などでは，1 人と 2 人，1 回と 2 回の間に 1.3 人や 1.2

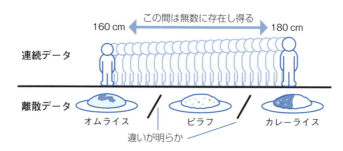

図 1-6　離散データは値の境目が明確であるが，連続データでは境目が曖昧である

回といった中間的な値が存在せず，それぞれの値をはっきり区別することができます。なお，量的データは連続データと離散データのどちらの場合もあり得ますが，質的データはすべて離散データになります。

1.3　データ，変数，変量

　ここまで，とくに説明なくデータという言葉を用いてきましたが，そもそもデータとは何でしょうか。データとは，より一般的な意味では理解や判断の材料となる情報を指します。心理学ではさまざまな尺度を用いて人々の考えや行動について情報を集め，それらを分析します。課題作業の精度，所要時間，質問紙への回答，インタビューでの回答，観察記録された行動など，さまざまな情報が集められますが，それらはすべてデータとよぶことができます。

　心理統計では，実験や調査によって得られた測定値をデータとよびます。ただし，測定値全体を指してデータとよぶこともあれば，一つひとつの測定値をデータとよぶこともあり，データという言葉は状況によってさまざまな意味で用いられます。

　データと似た意味で用いられ，統計のテキストでもよくみられる用語に変数があります。たとえば，統計のテキストによっては，先ほど説明した連続データや離散データを連続変数や離散変数としているものもあります。変数

とは，モデルや計算式の中でそのつど値が変化する数のことです。

　一つ例をあげてみましょう。身長から標準的な体重を求める式として，仮に次のようなものがあったとします。

$$標準体重 (kg) = 身長 (cm) - 105$$

　この式を用いれば，身長 160 cm の人の標準体重は 55 kg，身長 170 cm の人の標準体重は 65 kg となります。この式を用いて標準体重を求めるとき，この式の「身長」には一人ひとり違う値が入ります。このように，式の中で値がいろいろと変わるものが変数です。これに対し，この式の中の「−105」という部分は人によって変化することはありません。このように，式の中でつねに一定の数値になるものは定数とよばれます。

　変数（variable）と非常によく似た意味をもつものとして，変量（variate）という用語もあります。変量もまた個人によって変化する量なのですが，変数が数学やプログラミングなどさまざまな場面で用いられる用語であるのに対し，こちらは主に統計学で用いられる用語です。統計学辞典[1]では，変量は「統計集団をなす個体が『担っている』数量を抽象化したもの」と説明されています。しかし，変量と変数はそれほどはっきりとは区別されておらず，多くの場合，どちらもほぼ同じ意味で用いられているようです。

　実際のところ，「データ」「変数」「変量」は，多くの場合はどれを使ってもそれほど意味の違いはありませんが，同じものを指すのに何種類ものよび方が用いられていると混乱のもとになります。そこで本書では，基本的に次のルールで使い分けることにします。

- 測定された一つひとつの値を指す場合……測定値
- 測定値のまとまりを指す場合……データ
- 式やモデルに含まれるものを指す場合……変数

　なお，「変量」という言葉は極力使用せず，「変量」というよび方が完全に定着している場合（「多変量」など）のみ使用することとします。

---

[1] 竹内　啓（編）（1989）．統計学辞典　東洋経済新報社

ポイント

- データを得るための尺度にはさまざまな種類がある。
- 絶対的な原点をもつものが比率尺度。
- 等間隔な目盛りをもつものが間隔尺度。
- 明白な順序関係のあるものが順序尺度。
- 種類や区分を示すものが名義尺度。

2 データを要約する指標

調査結果を報告するうえで重要なことは，集めたデータの特徴をわかりやすく要約することです。そこで記述統計では，データの特徴をよく表している（代表している）と考えられる値（代表値）を使用してデータの特徴を記述します。

2.1 データを代表する値

データの中心を代表する値（中心傾向ともよばれます）には，平均値，中央値，最頻値があります。これらの値は，データの尺度水準などに応じて使い分けられます。

2.1.1 平均値

代表値の中でもっともよく使用されるのが平均値です。平均値は次の式により求められます。

$$\text{平均値} = \frac{\text{測定値の合計}}{\text{測定値の個数}} \qquad (2.1)$$

平均値は，論文中では$\bar{X}$（エックス・バー）と記されたり，平均値（mean）の頭文字をとってMと書かれたりします。

じつは，平均値には幾何平均や調和平均などいくつかの種類があり，(2.1) 式に示したのは算術平均あるいは相加平均とよばれる平均値の式です。一般に「平均値」という場合にはこの算術平均を指しますので，本書でもこれを「平均値」とよぶことにします。

この式にある通り，平均値の計算には測定値同士で合計を求める必要があります。したがって，平均値を代表値として使用するためには，データが比率尺度か間隔尺度で得られたものでなくてはなりません。

平均値は日常的にもごく普通に使用されていますので，平均値の求め方を知らない人はまずいないでしょう。しかし，平均値の意味や，平均値がなぜデータの中心を代表する値といえるのかを考えたことがある人はどれくらいいるでしょうか。

平均値は，測定値のすべてを合計し，それを測定値の個数で均等に分割したもので，文字通りデータ全体を平に均した値です。このようにして均等化すると，より大きい値でより小さい値の部分を埋め合わせることになりますので，データの中で平均値より大きい部分の合計と，平均値より小さい部分の合計が等しくなります。つまり，平均値はより大きい値とより小さい値のバランスの中心（重心）なのです（図 2-1）。

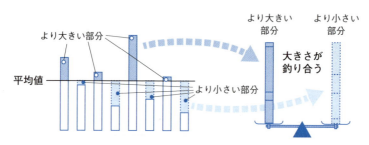

図 2-1　より大きい部分とより小さい部分で大きさが釣り合う値が平均値

平均値は統計において中心的な役割を担う値で，多くの統計手法が平均値を利用しています。また，代表値の中でも平均値はさまざまな統計処理を行いやすいということから，他の代表値を利用できる場合でも平均値が好んで使用されます。ただし，間隔尺度以上のデータなら代表値はつねに平均値でよいのかというとそうではありません。

次のような例を考えてみましょう。表 2-1 は，ある食事会で一人ひとりが実際に注文した金額をまとめたものです。

表 2-1　グループ A とグループ B の飲食費

グループ A	グループ B
5,500	2,500
6,000	1,000
5,000	10,000
5,500	25,000
6,500	1,500
5,000	1,500
4,000	2,000
4,500	1,000
4,500	2,000

　さて，それぞれのグループごとに会計をするとします。どちらのグループも合計は 46,500 円で，平均すると 1 人あたり 5,000 円ちょっとです。

　人数の多い食事会では「割り勘」で支払いをすることがありますが，割り勘のもっとも基本的な方法は，頭割りした額（つまり平均値）をそれぞれが支払うというものでしょう。グループ A のようなケースでは，全員の注文額がだいたい同じぐらいですから，合計を頭割りしたとしてもそれほど問題はないはずです。

　しかし，グループ B のようなケースではどうでしょうか。上から 3 人目（10,000 円）と 4 人目（25,000 円）以外の 7 人が注文した金額は平均値の半分以下ですから，頭割りすれば他のメンバーから文句が出るでしょう。このグループ B の 3 人目と 4 人目のような極端な値は**外れ値**とよばれます。データの中に外れ値が含まれている場合には，平均値はデータを適切に代表できません。外れ値があって平均値の使用が適切でない場合には，外れ値を除いて平均値を求め直したり，平均値以外の代表値を用いたりする必要があります。

2.1.2　中央値（メディアン）

　間隔尺度や比率尺度のデータの他，順序尺度データでも使用できる代表値

として**中央値（メディアン）**があります。中央値は，測定値を値の大小順に並べたときに中央の位置にある値（大きいほうから数えても小さいほうから数えても順番が同じ位置にある値）で，つまり位置の中心です（図2-2）。

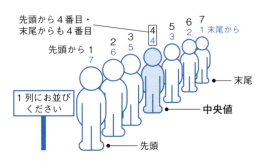

図2-2 前から数えても後ろから数えても同じ位置にある値が中央値

たとえば「5，7，3，2，6」という5つの測定値があったとします。このデータの中央値を求めるには，まず測定値を小さい順（または大きい順）に並べ替えます。ここでは小さい順に並べ替えることにしましょう。そうすると測定値は「2，3，5，6，7」と並べ替えられます。この中で，小さいほうから数えても大きいほうから数えても同じ位置になるのは，左からも右からも3番目にある「5」ですから，中央値は「5」となります。

では測定値が「5，7，2，6」の4つだったらどうなるでしょうか。小さい順に並べ替えると「2，5，6，7」となり，小さいほうから数えても大きいほうから数えても同じ位置になる値が存在しません。この場合，ちょうど真ん中になるのは「5と6の間」です。このように，測定値の個数が偶数である場合には，中央の位置には測定値が存在しません。

このような場合には，中央位置の前後の値（ここでは「5」と「6」）の平均値（「5.5」）を中央値として用います。ただし，こうした計算ができるのは厳密にはデータが間隔尺度か比率尺度で得られている場合だけです。順序尺度データの場合も便宜的にこのような計算が行われることが多いですが，測定値が「小・中・大・特大」のような場合には平均値は計算できませんの

で，その場合には「大と中の間」などとするしかありません。

なお，ここでは具体的な方法については省略しますが，中央値付近に同順位の測定値が複数存在する場合，同順位にある測定値の個数を考慮して中央値を調整することがあります。

2.1.3 最頻値（モード）

最頻値（モード）は，名義尺度以上（つまりすべての尺度水準）のデータで使用可能な代表値で，収集したデータのうちもっとも頻度が高い（度数が大きい）値をいいます。ファッション用語では流行（人気の中心）のことをモードとよびますが，たくさんの値がそこに集中しているという意味で，統計におけるモードも人気の中心といえる値です（図 2-3）。

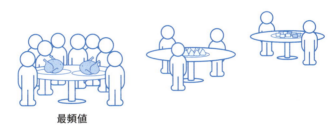

最頻値

図 2-3　値がもっとも集中している部分が最頻値

最頻値について簡単な例をみてみましょう。ここに，学生 7 人に好きな果物をたずねた結果があります。

| イチゴ　ミカン　リンゴ　イチゴ　リンゴ　リンゴ　メロン |

それぞれの果物の回答人数を集計すると表 2-2 のようになります。一般に統計では測定値の個数や回数のことを度数といいます。また，度数を集計したものは度数分布表とよばれます。

この例では，もっとも度数の大きい果物は「リンゴ」ですので，最頻値は「リンゴ」になります。ここで注意してほしいのは，最頻値はもっとも度数

表 2-2　好きな果物の回答人数

イチゴ	ミカン	メロン	リンゴ
2	1	1	3

が大きい測定値（「リンゴ」）であって，その回答の度数（「3」）ではないということです。

　なお，名義尺度データの場合には最頻値は値の種類ごとに度数を数えることで求められますが，間隔尺度や比率尺度データの場合には，そのままではうまく最頻値が求められないことがあります。一つ例をあげてみましょう。次のデータは大学生10人の通学時間の測定値（比率尺度データ）です。

```
40  90  25  70  20  70  80  20  12  5
```

このデータで，測定値ごとに度数を集計すると表2-3のようになります。

表 2-3　大学生 10 人の通学時間（分）

5	12	20	25	40	70	80	90
1	1	2	1	1	2	1	1

　このように，測定値が連続変数であったり，取り得る値の段階が多いような場合には，単純に測定値ごとに度数を数えると度数がばらけてしまい，最頻値とよべそうなものをみつけられなくなってしまいます。そこで，たとえば表2-4に示すように測定値を30分間隔の範囲に区切り，その範囲で度数を数えるという方法がとられます。

　こうして30分間隔の区間で集計すると，測定値が集中している部分がわかりやすくなりました。この場合，最頻値は「30分未満」の区間ということになります。この例のように，測定値の範囲を一定の幅で区切ったものを**階級**とよびます。階級の幅は大きすぎても小さすぎてもよくありません。データの特徴がよくわかるよう，適切な幅に設定する必要があります。

表 2-4 通学時間の範囲別の度数分布

通学時間	度数
30 分未満	5
30 分〜 60 分未満	1
60 分〜 90 分未満	3
90 分〜120 分未満	1

2.1.4 代表値と尺度水準

データの中心を表す代表値は，データの性質に合わせて適切に選択しなくてはなりません。代表値の種類が不適切な場合，その値はデータの中心を代表しているとはいえなくなってしまうからです。

使用する代表値を選択する際の一つの基準は，データの尺度水準です。それぞれの代表値は使用できる尺度水準が決まっているため，尺度水準によって選択できる代表値の種類が異なります（表 2-5）。

表 2-5 尺度水準と使用可能な代表値

尺度水準	最頻値	中央値	平均値
比率尺度	○	○	○
間隔尺度	○	○	○
順序尺度	○	○	×
名義尺度	○	×	×

表 2-5 に示したように，名義尺度データの場合には代表値として最頻値しか使うことができませんので選択の余地はありません。順序尺度データの場合には最頻値と中央値のいずれかが，比率尺度や間隔尺度では 3 つの代表値のすべてが使用可能です。

複数の代表値が使用可能な場合，一般的にはより高い水準の尺度で使用可能な代表値を使用します。つまり，順序尺度では中央値を，間隔尺度や比率尺度では平均値を使用するのが普通です。ただし，平均値は外れ値の影響を受けやすいため，外れ値があるような場合には，比率尺度や間隔尺度であっ

ても中央値のほうが代表値として適している場合もあり得ます。

　平均値がデータの中心をうまく代表できていない例としてよく取り上げられるのが「平均年収」や「平均貯蓄額」などの経済データです。新聞やテレビ，雑誌などでは「会社員の平均年収はいくらか」とか「一般家庭の貯蓄額はいくらか」といった話題がしばしば取り上げられますが，年収や貯蓄のようなデータでは，少数の高額収入者や高額貯蓄世帯によって平均値が引き上げられてしまうことがあります。

　これを実際のデータでみてみましょう。図 2-4 は総務省統計局の平成 27 年家計調査のデータを図示したものです。統計局の資料によれば貯蓄額の平均は 1 世帯あたり 1,800 万円ですが，1,800 万円以上の貯蓄があるのは全体の 20%（1/5）程度しかありません。また，中央値は 600 万円以上 700 万円未満，最頻値は 100 万円未満で，しかも 100 万円未満の世帯数が他に比べてかなり多いことがわかります。このような場合，「平均貯蓄額」は「世間一般」の貯蓄額を代表しているといえそうにありません。このような場合には，中央値や最頻値のほうが代表値として適切でしょう。

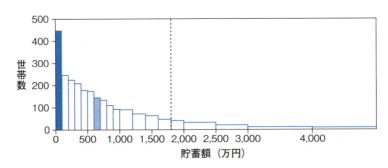

図 2-4　1 世帯あたりの貯蓄額（現在高）（総務省統計局平成 27 年家計調査データより）
図中の破線は平均値，網は中央値，色は最頻値を表す。

　一般に，データに偏りが少ない場合には，平均値と中央値，最頻値の 3 つの代表値は似たような値になります。そのような場合は代表値として平均値を使用すればよいでしょう。しかし，貯蓄額の例のようにデータが大きく偏

っているような場合には，それぞれの代表値が非常に異なったものになることがあります。そのような場合には，データの分布をよく眺め，より適切にデータを代表する値を選択しなければなりません。

そもそも日常場面で「平均」という場合，その「平均」は必ずしも統計的な意味での平均値ではありません。自分の身の回りで一般的である（たくさんいる）という意味であったり，特別多くも少なくもない（中位である）という意味であったりするわけです。「自分の周りに多い」という意味では最頻値のほうがしっくりくるでしょうし，中位であるという意味であれば中央値のほうがよりしっくりくるでしょう。統計処理でもそうした感覚は大切で，ただ機械的に「この尺度だからこの代表値を使えばよい」というものではありません。集中している部分を知りたいのか，真ん中が知りたいのか，バランスのよい点が知りたいのかをよく考えて代表値を選択する必要があります。

2.2 データの散らばりの指標

たとえば，490 と 510 というデータと 100 と 900 というデータがあるとします。平均値だけをみればどちらも 500 で同じですが，490 と 510 では値の差は 20 しかないのに，100 と 900 では 800 の差があります。この 2 つのデータがまったく同じものだと考える人は少ないでしょう。しかし，平均値だけではこの 2 つのデータの違いを説明することはできません。そのため，データの要約では**散らばり**（**散布度**）の指標も重要な役割を担います。

データの中心を代表する値に複数の種類があったように，散らばりの指標にもいくつかの種類があります。また，代表値として中央値を用いる場合には**四分位数**が用いられ，平均値を用いる場合には**標準偏差**が用いられることが多いというように，散らばりの指標と中心の代表値の間には大まかな対応がみられます。なお，名義尺度データにも散らばりの指標は存在しますがあまり一般的ではありません。そのため，ここでは平均値や中央値に対応した散らばりの指標についてのみ説明します。

2.2.1 偏　　差

中心の代表値として平均値を用いる場合に，それぞれの測定値が平均値からどれだけ離れているか（平均値からの距離）を数値化したものが偏差です。平均値からの偏差は，測定値から平均値を引いて求められます。

$$偏差 = 測定値 - 平均値 \qquad (2.2)$$

このようにして求めた偏差は，絶対値が大きくなるほどその測定値が平均値から離れている（遠くにある）ことを意味します。また，平均値より大きい測定値では偏差の値はプラスになり，測定値が平均値より小さければ偏差の値はマイナスになります。

ただし，偏差は測定値の数と同じだけ算出されます。つまり，20個の測定値で構成されたデータであれば，偏差も20個求まります。

2.2.2 分　　散

偏差は重要な散らばり指標の一つですが，測定値の数と同じだけ算出されるため，そのままでは大量のデータを要約して報告するのには不向きです。そこで，たくさんの測定値から代表値として1つの平均値を求めるように，偏差もまた何らかの方法で1つの値にまとめる必要があります。

偏差を1つにまとめる方法として，おそらく真っ先に思いつくのが偏差の平均値を求めることでしょう。平均すれば，たくさんある偏差が1つにまとまりそうです。ところが，平均値はそれより大きい値と小さい値のバランスをとるように求められた値であるため，単純に偏差を合計すると0になってしまいます。

そこで，偏差を1つにまとめる場合には，それぞれの偏差を2乗したうえで合計し，平均を求めるという方法をとります。偏差を2乗すれば，数値のマイナスがとれるので合計しても0にはなりません。このようにして求められる値を分散といいます。

分散を式で表すと式 (2.3) のようになります。分散の値は，データ全体で

測定値の散らばりが大きいほど大きくなります。また，分散は偏差の2乗値の平均ですのでマイナスの値になることはありません。

$$
\begin{aligned}
\text{分散} &= \text{偏差}^2\text{の平均} \\
&= \frac{(\text{測定値}-\text{平均値})^2\text{の合計}}{\text{測定値の個数}}
\end{aligned}
\tag{2.3}
$$

なぜわざわざ2乗するのか，単純にマイナスをとって平均すればいいではないかと思う人もいることでしょう。そのような方法で求める指標もあるにはあるのですが，ほとんど使われることがありません。じつはこの，「差を2乗して合計する」という操作は数学的に扱いやすい性質があり，分散に限らず統計法のさまざまなところで用いられている方法なのです。

偏差を2乗して平均するという分散の求め方は，図2-5のように考えると少しイメージしやすくなるかもしれません。偏差の大きさは平均値からの距離ですので，その値を2乗するということは1辺の長さを偏差とする正方形の面積を求めることと同じです。つまり分散は，平均値と各測定値のずれの大きさを正方形の面積に換算して平均したものといえます。

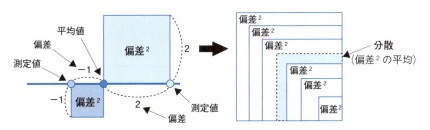

図 2-5　距離（偏差）の2乗は正方形の面積，分散は正方形の面積の平均

2.2.3 標準偏差

先ほど説明したように，分散を用いればたくさんある偏差を1つの値にまとめることができます。しかし，分散は計算の途中で偏差を2乗しています

ので,もともとの測定値とは単位が変わってしまいます。たとえば,複数の物の大きさを測って平均値と分散を求めたところ,平均値が 50 cm で分散が 121 だったとします。この「平均値 50 cm」という情報から対象の大きさをイメージするのは簡単だと思いますが,「分散 121」という情報から測定値がどれくらいの範囲に散らばっているのかイメージするのは困難でしょう。

そこで,論文やレポートで結果を報告する場合には,分散ではなく標準偏差という値を用いるのが一般的です。標準偏差は分散にルートを掛けてもとの単位に戻したもので,分散を偏差の正方形の平均面積とするならば,標準偏差はその正方形の辺の長さに相当します(図 2–6)。

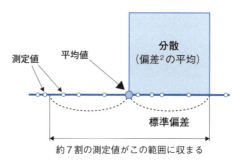

図 2–6 標準偏差は分散(正方形)の辺の長さ

標準偏差は次の式で求められます。

$$標準偏差 = \sqrt{分散} \qquad (2.4)$$

先ほどの「121」という分散を標準偏差にしてみると,$\sqrt{121} = 11$ で標準偏差は 11 になります。標準偏差はもとの測定値と同じ単位の値なので,測定値の単位が cm であれば標準偏差の単位も cm です。標準偏差は分散と同じく各測定値の偏差を代表する値なので,「平均値が 50 cm,標準偏差が 11 cm」というのは「測定値の中心的な値は 50 cm で,測定値の大部分が平均値の前後 11 cm の範囲に散らばっている」ということになり,データの散らばりがずっとイメージしやすくなりました。

「大部分」と書きましたが，平均値の前後，標準偏差 1 つ分の範囲には，（確率的に）測定値全体の約 70％が含まれます．これについては第 5 章の正規分布（5.1.2）のところで詳しく説明します．標準偏差は，論文中では Standard Deviation（標準偏差）の頭文字をとって *SD* と書かれることがよくあります．

2.2.4 四分位数と四分領域

分散や標準偏差は平均値を代表値として用いる場合の散らばり指標です．代表値として中央値を用いる場合には，散らばりの指標として四分位数や四分領域（四分偏差）が用いられます．

四分位数とは，データ全体を大小順に並べて全体を 4 分割したときの分割点に相当する数値のことで，データの小さいほうから 1/4（25％）の位置にあたる値を第 1 四分位数（25％点），大きいほうから 1/4 の位置にあたる値を第 3 四分位数（75％点）とよびます．なお，第 2 四分位数（50％点）はデータ全体のちょうど真ん中の位置にあたる値であり，これは中央値と同じです（図 2-7）．このように，四分位数と中央値は非常に深い関係があります．

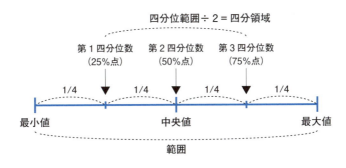

図 2-7　中央値と四分位数，四分領域

データ全体を 4 分割したとき，第 1 四分位数から第 3 四分位数の範囲には，測定値の半数が含まれていることになります．このような範囲を四分位範囲

とびます．四分位範囲は第3四分位数から第1四分位数を引くことによって求められます．そして，この四分位範囲を半分にした値を**四分領域**または**四分偏差**とよびます．式で表すと次のようになります．

$$四分領域 = \frac{第3四分位数 - 第1四分位数}{2} \tag{2.5}$$

四分領域は平均値に対する標準偏差の中央値版とでもいうべき値ですが，中央値を代表値として使用する場合には，四分領域よりも第1四分位数と第3四分位数を併記することのほうが一般的です．

2.2.5 範　囲

標準偏差や四分領域よりずっと単純な散らばりの指標もあります．それが，測定値の最大値と最小値がどれだけ離れているかを数値化した**範囲**です．本節の冒頭の例でいえば，490と510というデータの範囲は510－490＝20，100と900というデータの範囲は900－100＝800というように，最大値から最小値を引いて算出することができます．

$$範囲 = 測定値の最大値 - 測定値の最小値 \tag{2.6}$$

非常にシンプルで直感的にもわかりやすい指標ですが，統計ではあまり使用される機会がありません．なお，範囲には測定値のすべて（100％）が含まれます．

2.3　標準化

複数のデータの間で結果を比較したいということもあるでしょう．しかし，測定する対象が異なれば，データの平均値や標準偏差も異なってくるのが普通です．場合によっては単位すら異なります．このような違いは，しばしばデータ間の比較を困難にします（図2-8）．

2.3 標準化

図 2-8 単位が違うと比較するのは困難になる

たとえば，クラスのほとんどが 0 点だったテストで 30 点をとった場合と，ほとんどが 100 点だったテストで 60 点をとった場合とではどちらの成績がよかったといえるでしょうか。点数だけを比較すれば 30 点よりも 60 点のほうが上ですが，2 つのテストで平均点が大きく異なるため単純に比較することはできません。ではこれが懸垂の回数とボール投げの距離の比較だったらどうでしょうか。そもそも単位が違うので，そのままでは比較のしようがありません。

このように，単位やばらつきの異なるデータは，そのままでは互いに比較することができません。それらを比較しようとするならば，何らかの方法でデータの単位や幅をそろえる必要があります。ではどのようにすればよいのでしょうか。次の例で考えてみましょう。

英語，国語，数学の 3 教科について，A 君の成績は次の通りでした。また，A 君のクラスにおける 3 教科の平均と標準偏差もわかっています。これらのデータから，前回のテストで A 君の成績がもっともよかったのはどの科目だといえるでしょうか。

科目	A 君の成績	クラス平均	標準偏差
英語	86	90	8
国語	67	53	10
数学	44	30	5

この例では，3つの教科で平均点も標準偏差もバラバラです。クラスの平均点と標準偏差，A君の点数を図に示すと次のようになります。

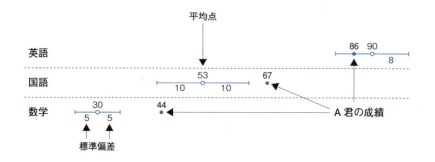

このままでは比較できないので，まずそれぞれの教科の平均点をそろえることを考えてみます。それぞれの教科で平均点が基準 (0) になるように，得点を移動したらどうでしょうか。A君の各科目の得点からそれぞれの平均点を引いてデータを移動させてみます。数学のデータ全体を30点分左に，国語は53点分，英語は90点分左に移動します。このように各教科のデータをそれぞれ平均点の分だけ移動すると，すべての科目で平均点が0にそろいます。

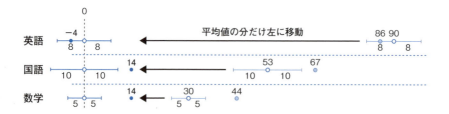

3つの科目で基準点がそろったので，少しわかりやすくなりました。しかし，得点の散らばり（標準偏差）がまちまちなので，まだ科目間の比較はできません。散らばりの大きさも一定にそろえることにしましょう。たとえば，標準偏差が1になるようにそろえてみたらどうでしょうか。

そこで各科目のデータをそれぞれの標準偏差で割って大きさをそろえます。

英語は標準偏差が8なので，全体を8で割って標準偏差を1に，国語は標準偏差が10なので全体を10で割り，数学は標準偏差が5なので，全体を5で割ります。

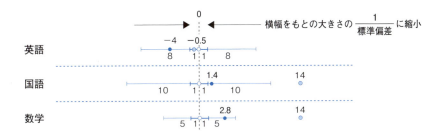

これですべての教科で平均点と標準偏差がそろい，3教科の成績を簡単に比較できるようになりました。平均値と標準偏差を考慮すると，数学の成績が一番よかったといえそうです。

このように，測定値（A君の得点）から平均値（平均点）を引き，それを標準偏差で割るという処理をすることで，平均値や標準偏差が異なる場合であっても測定値（得点）同士を比較できるようになります。このような手順で測定値を変換し，データの単位をそろえることを**標準化**といい，標準化によって単位がそろえられた値のことを**標準得点（z）**とよびます。

ほとんどの場合，データの標準化では平均値が0，標準偏差が1になるような変換が行われます。その場合，測定値が平均値と同じ値であれば標準得点は0になります。また，測定値が平均値よりも大きければ標準得点はプラスの値に，小さければマイナスの値になります。

測定値を標準化して標準得点にする手順を式で表すと次のようになります。

$$標準得点 (z) = \frac{測定値 - 平均値}{標準偏差} \tag{2.7}$$

この式の「測定値から平均値を引く」という処理は平均からの偏差を求めるのと同じことですので，標準得点は測定値の偏差を標準偏差で割ったもの

ということになります。この標準得点は，それぞれの測定値を平均値からプラス方向あるいはマイナス方向に標準偏差何個分離れているかという形で表したものなのです。

　標準得点は，じつは多くの人にとって馴染みの深いものでもあります。たとえば，学力テストなどで用いられる（学力）偏差値は，受験者全体の平均点と標準偏差を使って各個人の試験成績を標準化したものです。ただし，学力偏差値では平均値が50，標準偏差が10になるように，標準得点を10倍して50を足すという処理を行っています。

$$学力偏差値 = \frac{個人の得点 - 全体の平均点}{全体の標準偏差} \times 10 + 50$$

　また，ウェクスラー式知能検査で用いられる偏差IQ（知能指数）も標準得点の一種です。ウェクスラー式知能検査では，同年齢集団の検査得点の平均値と標準偏差を使って個人の検査得点を標準得点に変換し，平均が100，標準偏差が15になるようにして知能指数を求めています。

$$偏差IQ = \frac{個人の検査得点 - 同年齢集団の平均点}{同年齢集団の標準偏差} \times 15 + 100$$

　偏差値では標準得点を10倍，偏差IQでは15倍していますが，これにはそれほど特別な意味はありません。標準得点はそのままでは0.5や1.2といった小さな値になることがほとんどなので，数値を10倍したり15倍したりしてわかりやすくしているのです。

　また，学力偏差値では50を，偏差IQでは100を足していますが，これも数値をわかりやすくするための処理です。学校のテストは100点満点が多いので，真ん中の50点を平均値にしたほうがわかりやすく，知能指数は100が基準なので平均値が100になるようにしたほうがわかりやすいからです。

　当然のことながら，このような手順による標準化は平均値が求められるデ

ータに限ります。中央値と四分位数を利用した標準化など平均値を使用しない標準化の方法もありますが，あまり一般的でないことから本書では取り上げません。

ポイント

- データの種類によって使用可能な代表値が異なる。
- 平均値，中央値，最頻値はデータの中心を代表する。
- 分散や標準偏差，四分位数や四分領域は散らばりを示す指標である。
- 標準化することで単位や散らばりの異なるデータの比較が可能になる。
- 学力偏差値も標準化された値の一種である。

3 関係を要約する指標

　平均値や中央値，標準偏差や四分位数といった指標は，それぞれのデータがどのような特徴をもっているかを要約する値であり，データ分析の基本となる重要なものです。しかしこれらの指標だけではデータの間の関係については知ることができません。夫婦間で性格はどれぐらい似ているのかというように，データ間の関係をみたい場合は多くあるでしょう。本章では，そうしたデータ間の関係の指標についてみていくことにします。

3.1 比率尺度・間隔尺度データの関係の指標
3.1.1 共 分 散

　比率尺度や間隔尺度で得られたデータ間の関係を要約する指標の一つに共分散があります。共分散は，データ間の関係の方向と強さの両方を要約する値です。関係の方向とは，一方の値が高いほどもう一方の値も高くなるのか，それとも一方の値が高いほどもう一方の値は低くなるのかということです。これについてはもう少し後で詳しく説明します。

　共分散を求めるためには2種類のデータが必要なのは当然ですが，それらのデータを構成する測定値同士で決まったペアを作れなくてはなりません。たとえば，男女50組のカップルを対象にして身長を測定したような場合には，それぞれのカップルごとに男性と女性の測定値をペアにすることができます。しかし，男性50人，女性50人からそれぞれ別々にデータを集めたような場合には，どの男性とどの女性をペアにするべきかが決まりませんので共分散を求めることはできません。

　実際に共分散を求めてみましょう。次の例題をみてください。

3.1 比率尺度・間隔尺度データの関係の指標

次の表は，男女 5 組のカップルを対象に身長（cm）を測定した結果です。このデータから，カップルの男女の身長にどのような関係があるといえるでしょうか。カップルは，背が高い者同士，背が低い者同士というように，似た者同士になることが多いのでしょうか。それとも，背が低い人は背が高い人を好むというように，カップルは互いに反対の者同士になることが多いのでしょうか。

	男性	女性
カップル 1	160	154
カップル 2	170	144
カップル 3	173	164
カップル 4	187	172
カップル 5	165	171
平均	171	161

身長が高いか低いかを判断するためには何らかの基準が必要ですので，その基準としてこの 5 組の男女それぞれの平均身長を用いることにします。男女の身長の平均値を求めたうえで，男女それぞれで各個人の身長と平均値との差（**偏差**）を求めましょう。そうすることで，各個人の身長が平均に比べてどの程度高いか低いかを示すことができます。

	男性の身長の偏差	女性の身長の偏差
カップル 1	160−171＝−11	154−161＝ −7
カップル 2	170−171＝ −1	144−161＝−17
カップル 3	173−171＝ 2	164−161＝ 3
カップル 4	187−171＝ 16	172−161＝ 11
カップル 5	165−171＝ −6	171−161＝ 10

次に，これらの偏差がカップルでどういう関係になっているのかをみてみます。カップルがお互いに身長の高い者同士，低い者同士であるのなら，カ

ップルの一方の偏差がプラス（身長が平均値よりも高い）なら，相手の偏差もプラスのはずです。その逆に，カップルのうち一方の偏差がマイナス（身長が平均値よりも低い）ならば，もう一方の偏差もマイナスのはずです。また，もしカップルがお互いに自分とは違う相手を求めるのであれば，一方の偏差がプラスなら相手はマイナスという関係がみられるでしょう。つまり，お互いに似ているなら，偏差のプラスマイナスの符号が一致するはずですし，そうでないなら偏差の符号が異なるはずです。

　符号が一致しているかどうかをみるには掛け算が便利です。プラスとプラス，マイナスとマイナスというように符号が同じ数値を掛け合わせればその結果はプラスの値になりますし，プラスとマイナス，マイナスとプラスというように異なる符号の数値を掛け合わせた結果はマイナスの値になるからです。そこで先ほどの各個人の偏差をカップルごとに掛け合わせてみます。

	男性		女性		
カップル1	−11	×	−7	=	77
カップル2	−1	×	−17	=	17
カップル3	2	×	3	=	6
カップル4	16	×	11	=	176
カップル5	−6	×	10	=	−60

　このようにして求められた値は，カップルごとの身長の類似度といえます。この値がプラスのカップルは，どちらも身長が平均より高いか，あるいはどちらも平均より低い似た者カップルです。値がマイナスのカップルは，一方の身長が高くもう一方は低い，いわゆるでこぼこカップルです。また，平均値との差が大きいほど偏差の絶対値は大きくなるため，掛け算した結果の絶対値も大きな値となります。つまり，絶対値の大きなカップルほど，似た者度，あるいはでこぼこ度が強いということになります。

　ただし，このままではカップルの数だけ数値が並ぶことになりますので，最後にこれらを1つの値にまとめる必要があります。そこで，これらの値を

3.1 比率尺度・間隔尺度データの関係の指標

平均することにします。

$$\frac{77+17+6+176+(-60)}{5}=43.2$$

この 43.2 という数値がカップルの身長の関係を集約したもので，**共分散**とよばれる値です。共分散の値がプラスであれば，一方の身長が高ければ相手の身長も高いという関係がある（似た者カップルが多い）ことを意味します。このような，ペアとなる測定値に類似の傾向がある関係は**正の相関関係**とよばれます。この逆に，共分散の値がマイナスである場合には，一方の身長が高い場合は相手の身長は低いというように，カップルの間で測定値に逆向きの傾向がある（でこぼこカップルが多い）ことを意味します。このような関係は**負の相関関係**とよばれます。

また，共分散の絶対値が大きくなるほど，こうした正の相関関係や負の相関関係が強いことを意味し，共分散が 0 の場合には，そうした関係がみられないことを意味します。

ここまでの手順を式で表すと次のようになります。

$$共分散 = \frac{(身長_{男_1} - 平均_{男}) \times (身長_{女_1} - 平均_{女}) + (身長_{男_2} - 平均_{男}) \times (身長_{女_2} - 平均_{女}) + \cdots}{カップルの数}$$

式の中の「身長$_{男_1}$」や「身長$_{女_1}$」は，それぞれ 1 組目のカップルの男性の身長，女性の身長という意味です。また，「平均$_{男}$」は男性の身長の平均値，「平均$_{女}$」は女性の身長の平均値です。この式をもう少し一般的な形にしておきましょう。男性，女性の身長をそれぞれ A，B として式を書き直すと次のようになります。

$$共分散 = \frac{(測定値 A_i - 平均 A) \times (測定値 B_i - 平均 B) の合計}{測定値のペアの数} \quad (3.1)$$

式の中の「A_i」や「B_i」は「A の i 番目の測定値」「B の i 番目の測定値」

1. 共分散の意味

共分散の計算方法はわかりましたが，これだけでは一体何をしているのかよく理解できないという人もいると思います。そこで，共分散についてもう少し詳しくみておきましょう。

共分散という名前に「分散」が含まれているように，共分散は分散とよく似た値です。共分散の式では，各測定値について平均からの偏差を算出し，それらをペアになる測定値同士で掛け合わせて平均しています。これと同じ手順を，たとえば例題の男性のデータだけを用いて行ったらどうなるでしょうか。つまり，男性の身長と男性の身長の共分散を求めた場合です。

(3.1) 式の A と B の両方に男性の身長を入れると，その式は次のようになります。

$$共分散 = \frac{(測定値_{男i} - 平均_男) \times (測定値_{男i} - 平均_男) の合計}{測定値のペアの数}$$

$$= \frac{(測定値_{男i} - 平均_男)^2 の合計}{測定値のペアの数}$$

見ての通り，これは「分散」の式です。つまり，共分散は2つのデータの間の分散のようなものと考えることがことができます。

分散は偏差の大きさを1辺の長さとする正方形の面積の平均としてとらえることができましたが，では共分散はどうでしょうか。共分散を計算する過程では，カップルの男女で偏差のプラスマイナスが一致しているかどうかをわかりやすくするための処理として，偏差同士の掛け算を行いました。この偏差の積の値はカップルの似た者度，でこぼこ度の大きさを意味するわけですが，共分散についてより理解を深めるためにこの値がもつ意味を図で考えてみようと思います。

図 3-1 は，5組のカップルの身長データを，横軸に男性の身長，縦軸に女性の身長をとって図示したものです。また，図の中の色の線は，男性と女性のそれぞれの平均身長を表します。平均身長からの偏差については，わかり

やすいように一番右上の点（4組目のカップルのデータ）についてだけ示しました。

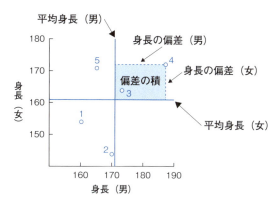

図 3-1　カップル男女の身長とその平均値
図中の色の数字はカップルの番号を示す。

このように図にしてみると，カップル男女の偏差を掛け算するということは，カップルの男女それぞれの偏差を辺の長さとする長方形の面積を求めることと同じになります。分散は正方形の面積を求めていましたが，共分散では長方形の面積を求めるのです。

ただ，男女で偏差を掛け合わせたとき，その値がマイナスになる場合がありました。偏差の積は長方形の面積といいましたが，この「マイナスの面積」はどのように理解すればよいのでしょうか。もう一度，男女の平均身長と偏差の関係を図でみてみることにしましょう。平均値を基準にグラフの領域を4分割したとき，右上の領域と左下の領域では男女で偏差のプラスマイナスが一致していますので，掛け算をするとプラスの値になります。つまり，この領域は似た者カップルのデータが分布する領域です。これに対し，左上の領域と右下の領域では，男女で偏差プラスマイナスが異なっており，それらを掛け算をするとマイナスの値になります。つまり，この領域はでこぼこカップルのデータが分布する領域です。これらの関係は図 3-2 のように表すことができます。

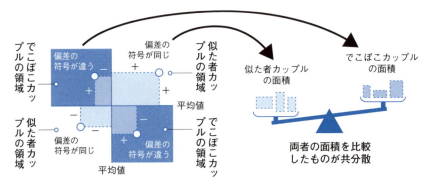

図 3-2　4つの領域とカップルの偏差の関係

　偏差の積がプラスになるかマイナスになるかは，そのカップルが似た者同士かでこぼこ同士かによって決まるので，「マイナスの面積」は「面積がマイナス」であるということではなく，「マイナス（でこぼこカップル）の面積」であると考えることができます。つまり面積のプラスマイナスは，単にそれらがどちらのグループの面積であるかを示すためのものということになります。

　実際の計算の中では，偏差の積がマイナスのものとプラスのものをすべて合計して平均していますが，このとき，偏差の積がプラスのものとマイナスのものでそれぞれ合計を求め，プラスの積の合計値からマイナスの積の合計値（の絶対値）を引いてペアの数で割っても同じ値が得られます。つまり共分散は，似た者カップルの面積（似た者度）とでこぼこカップルの面積（でこぼこ度）の差を，ペア1組あたりの大きさとして表したものといえます。

　共分散がプラスの値であるということは似た者カップルの面積のほうが大きいということであり，共分散の値がマイナスであるということはでこぼこカップルの面積のほうが大きいということです。また，共分散が0ということは，似た者カップルとでこぼこカップルの面積が同じであるということであり，カップルが似ている程度とでこぼこの程度は同じである（カップルの身長に特別な関係はみられない）ということになるのです。

3.1.2 相関係数

　共分散は 2 つのデータの間にある関係の方向（似た者同士かでこぼこ同士か）と関係の強さの指標ではあるのですが，共分散の値をみてその関係がどれくらい強いのかを判断するのは困難です。また，共分散は測定値の単位やばらつきの違いによる影響を受けるため，そのままでは異なるデータ間で共分散の値を比較することもできません。

　そこで，共分散を**標準化**（第 2 章 2.3）することによって異なるデータ間で関係の強さを比較できるようにし，関係の強さをとらえやすくしたものが**相関係数**（r）です。なお，相関係数にはいくつかの種類があり，ここでいう「相関係数」は，正確には**ピアソン（Pearson）の積率相関係数**とよばれるものです。一般に，単に「相関係数」とだけいう場合には，このピアソンの積率相関係数のことを指します。

　ここで，前章で取り上げた標準化の手順を思い出してください。標準化は，平均値からの差（偏差）を標準偏差で割って単位をそろえるというものでした。共分散を標準化する場合にも，これと同様の方法がとられます。ただし，共分散は 2 種類のデータを使用して求められる値ですので，標準偏差が 2 種類あることになります。そこで共分散を 2 つの標準偏差を掛け合わせたもので割って標準化します。なお，データに含まれる測定値をそれぞれ標準化してから共分散を求めても同じ相関係数の値が求まります。

　2 種類のデータのそれぞれを A, B とすると，相関係数の式は次のようになります。

$$相関係数\,(r) = \frac{A と B の共分散}{A の標準偏差 \times B の標準偏差}$$

　先ほどのカップルの身長の共分散から相関係数を求めてみましょう。共分散を求めた際に男女それぞれで測定値と平均値の間の偏差を求めていますので，それらを 2 乗して平均し，それにルートを掛けてそれぞれの標準偏差を求めます。その値を先ほどの式に数値を代入すると，相関係数は約 0.44 と

なりました．

$$\frac{43.2}{\sqrt{\dfrac{(-11)^2+(-1)^2+2^2+16^2+(-6)^2}{5}} \times \sqrt{\dfrac{(-7)^2+(-17)^2+3^2+11^2+10^2}{5}}}$$

$$=\frac{43.2}{\sqrt{83.6}\times\sqrt{113.6}}=0.443\ldots$$

　この相関係数も，共分散と同様にデータ間の関係の方向と強さを示す値です．ただし，相関係数がとる範囲は−1から1までで，それを超える値にはなりません．相関係数が1の場合は，2つのデータが完全に一致することを意味します．

　2つのデータが完全に一致する場合に相関係数が1になるということを理解するために，同一のデータを使用して相関係数を求めた場合を考えてみます．共分散のところでも触れましたが，同じデータ同士で共分散を求めるということは，そのデータの分散を求めるのと同じです．また，相関係数は共分散をそれぞれのデータの標準偏差の積で割ったものですが，2つのデータが同じものであれば，標準偏差の積は標準偏差を2乗しているのと同じことになります．分散のルートが標準偏差なのですから，標準偏差を2乗するということは標準偏差を分散に戻すことと同じですので，次のように，同じデータ同士の相関係数は必ず1になるのです．

$$A と A の相関係数 = \frac{A と A の共分散}{A の標準偏差 \times A の標準偏差}$$
$$= \frac{A の分散}{A の標準偏差^2} = \frac{A の分散}{A の分散}$$
$$= 1$$

　また，まったく同じ2つのデータのうち，一方のデータで測定値のプラスとマイナスを逆にして相関係数を求めると相関係数は−1になります．

　このように，相関係数はその絶対値が1に近づくほど2つのデータの関係が強いということを意味します．また，相関係数が0に近づくほどデータ間

の関係が弱いことを意味します。したがって，相関係数が 0.4 の場合と 0.6 の場合では，後者のほうがデータの間の関係が強いということになります。関係の強さそのものは相関係数の絶対値で判断しますので，相関係数が 0.4 と −0.6 の場合も後者のほうが関係が強いということになります。ただし，相関係数がプラスの場合はそれが正の相関関係（似た者同士），マイナスの場合は負の相関関係（でこぼこ同士）であることを意味します。

相関係数がどれぐらいであればデータ間の関係が強いといえるのかについては，測定する対象などによっても異なるため絶対的な基準はありません。しかし，おおよその目安として表 3-1 のような基準がよく用いられます。

表 3-1 相関係数と相関の強さ

相関係数の絶対値	相関の強さ
0	なし
～0.2	ほとんどなし
～0.4	弱い相関あり
～0.7	中程度の相関あり
～1.0	強い相関あり

この基準に照らし合わせると，例題データでは相関係数が 0.44 でしたから，カップルの身長の間には中程度の正の相関があるということになります。つまり，カップルの身長は似た者同士であるという関係が中程度にみられるということです。

また詳細は省きますが，相関係数を 2 乗した値（r^2）は一方のデータからもう一方のデータの分散を何％説明できるかを表す指標となり，**決定係数**や**分散説明率**などとよばれます。たとえば，カップルの身長の相関係数が 0.44 であった場合，$0.44^2 = 0.1936$ ですので，男性の身長から女性の身長の約 20％程度の分散を，その逆に女性の身長からも男性の身長の約 20％程度の分散を説明できるということになります。

なお，平均値と同様に，相関係数も外れ値による影響を受けます。また，

データの散らばり方によってはデータ間の関係を適切に表せない場合もあります。次章ではデータを図示する方法について説明しますが，相関係数を利用する際には，単に数値を求めるだけでなく，データを図示してその特徴を目で確かめるということも大切です。

3.1.3 順序尺度データの関係の要約

データの分布が大きく偏っていたり外れ値があったりしてピアソンの積率相関係数の使用が適さない場合や，順序尺度で得られたデータの関係を検討したい場合には順位相関係数とよばれる値が用いられます。順位相関係数にもいくつかの種類がありますが，その中で比較的よく用いられるのがスピアマン（Spearman）の順位相関係数（r_s）です。スピアマンの順位相関係数は，2つのデータの間でペアになる測定値の順位がどれだけ一致しているかを数値化し，その関係の強さと方向を表します。

たとえば，それぞれのデータで各測定値の順位を求め，ペアとなる測定値同士で順位の差を求めたとします。2つのデータで完全に順位が一致していれば順位の差はすべてのペアで0になりますが，順位がずれていれば差が生じます。この差は順位がずれているほど大きくなりますので，データ全体で順位の差を1つにまとめれば，それを順位の一致度に関する指標として用いることができます。

ただし，それらの差をそのまま合計したのでは，プラスとマイナスが打ち合って0になってしまいます。そこで，分散を求めるときと同じように，順位の差を2乗したうえで合計することにしましょう。こうすることで，順位の差の大きさを1つの数値にすることができます。

さて，差の2乗の合計がもっとも小さくなるのは，2つのデータで順位が完全に一致している場合です。その場合はすべてのペアで差が0なので，2乗値の合計も0になります。また，差の2乗の合計がもっとも大きくなるのは2つのデータで順位が完全に逆転している場合です。その場合の最大値はデータのペアの個数によって決まり，その値は（ペアの個数×（ペアの個数^2

3.1 比率尺度・間隔尺度データの関係の指標

-1))÷3 という式によって求めることができます。

差の2乗の合計値の最小値と最大値が決まっているのなら，その値を-1から1の範囲になるように変換すれば，ピアソンの積率相関係数と同じように利用できます。このようにして求められるのがスピアマンの順位相関係数です。スピアマンの順位相関係数を算出する式は次の通りです。

$$順位相関係数（r_s）= 1 - \frac{順位の差^2 の合計 \times 6}{ペアの個数 \times (ペアの個数^2 - 1)}$$

例として，先ほどのカップルの身長データでスピアマンの順位相関係数を計算してみましょう。順位相関は順位がどれだけ一致しているかどうかをみるものなので，まずそれぞれのデータについて順位を知る必要があります。ここでは身長が高い順に順位をつけることにしましょう。この場合，順位の差とその2乗値は次のように求まります（表3-2）。

表3-2　カップル男女の身長と順位

	男性	順位	女性	順位
カップル1	160	5	154	4
カップル2	170	3	144	5
カップル3	173	2	164	3
カップル4	187	1	172	1
カップル5	165	4	171	2

	順位の差	2乗
カップル1	5-4= 1	1
カップル2	3-5=-2	4
カップル3	2-3=-1	1
カップル4	1-1= 0	0
カップル5	4-2= 2	4

順位の差の2乗の合計は，1+4+1+0+4=10です。また，データには5つのペアが含まれています。これらの値を先ほどの式に代入すると，次のよ

うに 0.5 というスピアマンの順位相関係数が求まります。これはピアソンの積率相関係数 0.44 とほぼ同程度の値です。

$$順位相関係数\,(r_s) = 1 - \frac{10 \times 6}{5 \times (5^2 - 1)} = 1 - \frac{60}{120} = 0.5$$

スピアマンの順位相関係数の見方は，ピアソンの積率相関係数と同じです。順位相関係数が 0 なら 2 つのデータの間で順序に関係性がみられないことになり，値がプラスなら正の相関関係が，マイナスなら負の相関関係があることになります。また，順位相関係数の絶対値が 1 に近づくほど，両者の順位にはっきりした関係性がみられることを意味します。

3.1.4 名義尺度データの関係の要約

比率・間隔尺度や順序尺度によるデータだけでなく，名義尺度で得られたデータでもデータ間の関係をみたいことがあります。男女それぞれ 50 人に甘いものの好き嫌いをたずね，その結果をもとに甘いものの好き嫌いと性別に関係があるかどうかを調べたいというような場合です。この場合，回答者の性別は名義尺度データですし，甘いものが「好き」か「嫌い」かも名義尺度によるデータです。

このようなデータで「性別と甘いものの好き嫌いに強い関係がある」というのはどのような場合が考えられるでしょうか。たとえば表 3-3 のような結果であった場合，男性と女性では明らかに甘いものの好き嫌いに違いがありますから，性別と甘いものの好き嫌いに関係があるといってよいでしょう。

表 3-3　性別と甘いものの好き嫌いに強い関係がある場合

甘いもの	男性	女性
好き	0	50
嫌い	50	0

3.1 比率尺度・間隔尺度データの関係の指標

では，表 3-4 のような結果だった場合はどうでしょうか。

表 3-4 性別と甘いものの好き嫌いに関係がない場合

甘いもの	男性	女性
好き	30	30
嫌い	20	20

この場合，男女のどちらも甘いものが好きな人とそうでない人の比率が 3：2 で同じですので，性別と甘いものの好き嫌いに関係があるとはいえません。

このように，データが名義尺度によるものの場合には，男女で好き嫌いの人数の比率がどの程度異なるか，あるいは好き・嫌いで男女の比率がどの程度異なるかに注目することで2つのデータ間の関連の強さをとらえることができます。こうした名義尺度データ間の関係の強さは連関とよばれ，この連関の強さを指標化したものは連関係数とよばれます。

連関係数にもさまざまなものがありますが，代表的なものに φ（ファイ）係数とクラメール（Cramer）の連関係数（V）があります。φ 係数は，性別と甘いものの好き嫌いの例のように，どちらのデータも回答が2種類しかない場合に用いられる指標で，次のようにして求めることができます。

$$\phi 係数 = \frac{(行_1列_1 \times 行_2列_2 - 行_1列_2 \times 行_2列_1)}{\sqrt{行_1合計 \times 行_2合計 \times 列_1合計 \times 列_2合計}}$$

性別と甘いものの好き嫌いの例について計算してみると，表 3-3 のデータの φ 係数は次のようになります。

$$\phi 係数 = \frac{(0 \times 0 - 50 \times 50)}{\sqrt{50 \times 50 \times 50 \times 50}} = -1$$

また，表 3-4 のデータの φ 係数は次のようになります。

$$\phi 係数 = \frac{(30 \times 20 - 30 \times 20)}{\sqrt{60 \times 40 \times 50 \times 50}} = 0$$

　ϕ 係数はピアソンの積率相関係数と同じく -1 から 1 の範囲をとり，絶対値が 1 に近づくほどデータ間の関係が強いことを意味します。ただし，名義尺度データでは値の順序には意味がないため，係数のプラスマイナスは意味をもちません。たとえば先ほど ϕ 係数が -1 であった表3-3のデータで男女を表の左右で入れ替えて計算し直した場合，ϕ 係数は 1 になります。

　クラメールの連関係数は，関係をみたいデータのいずれか一方または両方で値が3種類以上ある場合（たとえば「高学年・中学年・低学年」と「算数の好き・嫌い」の関係をみたい場合など）にも使用できる値で，χ^2（カイ2乗）とよばれる値を利用して関係の強さを求めます。χ^2 の求め方は第8章の「度数・比率の検定」で説明します。また，クラメールの連関係数の計算については第9章の「効果量」（9.1.1）のところで説明しますので詳細はここでは省略します。

　クラメールの連関係数にはマイナスの値がなく，値は 0 から 1 までの範囲をとります。そして，他の相関係数や連関係数と同様に，値が 1 に近いほどデータ間の関係が強いことを意味します。なお，表3-3や表3-4のデータでクラメールの連関係数を求めた場合，クラメールの連関係数と ϕ 係数の絶対値は同じになります。

　スピアマンの順位相関係数や連関係数は，じつはどちらもピアソンの相関係数と深い関係があります。測定値そのものの代わりに測定値の順序を使用してピアソンの相関係数を求めると，その計算結果はスピアマンの順位相関係数の値と同じになります。また，名義尺度による測定値を 0 と 1 に置き換えてピアソンの相関係数を求めると，連関係数 ϕ と同じになるのです。

ポイント

- 共分散や相関係数は，データ間の関係の方向と強さを表す。
- 係数がプラスなら似た者同士，マイナスならでこぼこ同士。
- 係数の絶対値は類似度，でこぼこ度の強さを表す。
- 間隔尺度以上のデータではピアソンの積率相関係数が用いられる。
- 順序尺度データでは順位相関係数，名義尺度データではϕ（ファイ）係数やクラメールの連関係数が用いられる。

データの視覚化

　第Ⅰ部の最後は，算出した代表値やデータを表や図に示す方法についてみておくことにしましょう。データについて報告する際，代表値や散らばりの指標などでデータを要約するだけでなく，表やグラフを用いてそれらをわかりやすくまとめることが必要です。また，グラフや表を用いてデータの特徴をわかりやすく示すことは，データを報告するためだけでなく，データの特徴に合った適切な分析方法を選択するためにも非常に重要です。

　表とグラフには，それぞれ長所と短所があります。グラフと表の一般的な長所短所をまとめたものが表 4-1 です。このようにしてみるとグラフより表のほうが利点が多そうにみえますが，視覚的に把握しやすい（ぱっと見てすぐわかる）というグラフの特徴は，結果を報告する際の大きな武器になります。

表 4-1　表とグラフの長所と短所

表示方法	長所	短所
表	より正確な値を示すことができる。 一度にたくさんの情報を示すことができる。	データの特徴や関係を認識しづらい。
グラフ	視覚的にデータの特徴や関係を把握しやすい。	一度に示すことのできる情報の量が限られている。 数値を厳密に表示することには向かない。

4.1 表の種類

まずは，表を用いた代表的な結果の示し方をいくつか紹介します。

4.1.1 度数分布表

どの尺度水準のデータであっても使用でき，データの特徴を把握するうえで非常に有効な表が**度数分布表**です。度数分布表は，測定値の頻度（度数）の集計結果をまとめたもので，本書の中でもすでに何度か使用してきました。たとえば，第 2 章の最頻値の説明のところで使用した**表 2-2** や下の**表 4-2** のような表が度数分布表です。

表 4-2 度数分布表の例

居住地	東京	神奈川	埼玉	千葉
人数	432	234	145	134

名義尺度データの場合，カテゴリ（測定値の種類）に決まった順序はないのでカテゴリの順序は自由に設定できますが，順序尺度以上のデータでは，カテゴリや階級（測定値の区間）の順序は昇順（小→大の順）または降順（大→小の順）のいずれかにします。

同じく第 2 章の最頻値の部分から，比率尺度データの度数分布表の例についてみてみましょう。

表 4-3 は，**表 2-4** で使用したものに少し手を加えてあります。表には度数（頻度）の他に，%や**累積度数**や**累積パーセント**という情報が付加されています。パーセント（%）の情報は，その階級あるいはカテゴリの度数が全体に占める割合を把握しやすくするためのものです。また，累積度数や累積パーセントは，その階級までの度数の合計と割合です。このように，順序尺度以上のデータの場合には，度数分布表に累積度数や累積パーセントを示すのが一般的です。

表 4-3　順序尺度以上の度数分布表の例

階級	度数	%	累積度数	累積%
30 分未満	5	50	5	50
30 分～ 60 分未満	1	10	6	60
60 分～ 90 分未満	3	30	9	90
90 分～120 分未満	1	10	10	100

4.1.2　クロス集計表

度数集計表のうち，表 4-4 のように異なるデータの分類をそれぞれ行と列において集計したものをクロス表あるいはクロス集計表とよびます。表 4-4 のクロス集計表は，2 行 3 列あるいは 2×3 のクロス表などと表現されます。クロス集計表は，2 つのデータの間にある関係を吟味する際に用いられます。

表 4-4　クロス集計表の例

	東京	神奈川	埼玉	計
男性	50	35	20	105
女性	45	32	23	110
計	95	67	43	215

クロス表では，一つひとつのマス目のことをセルとよびます。このクロス表の一番右の列と一番下の行にはそれぞれ行ごと・列ごとの合計が示してありますが，この行ごと・列ごとの合計は周辺度数とよばれます。また，クロス表の右下の値は測定値の度数の合計で，この値は総度数とよばれます。なおクロス表でも，必要に応じて度数に加えて各セルのパーセント値を示します。

4.1.3　平均値・中央値の表

度数分布表やクロス集計表は測定値の度数（頻度）を示すものですが，平均値や中央値を表に示したい場合も多くあります。その場合，一般的には表 4-5 のような形がとられます。

4.1 表の種類

表 4-5 平均値の表の例

	自宅学生	下宿学生
通学時間（分）	60.50	20.32
（標準偏差）	（12.02）	（5.56）

	自宅学生		下宿学生	
	平均	（標準偏差）	平均	（標準偏差）
通学時間（分）	60.50	（12.02）	20.32	（5.56）
勉強時間（分）	30.25	（10.35）	40.63	（9.45）

上の表はいずれも平均値を表に示した場合ですが，中央値の場合も基本的には同じ形式になります。また，平均値や中央値を表に示す場合には，それに対応する散らばりの指標（標準偏差や四分位数など）を合わせて示すのが一般的です。

4.1.4 相関行列

3つあるいはそれ以上のデータの間で相関係数を求めたとき，それらは表4-6のように一覧表の形で示されるのが一般的です。このような，それぞれのデータの間の相関係数をまとめた表は相関行列とよばれます。

表 4-6 相関行列

	外向性	安定性	知性	協調性	勤勉性
外向性	1.000	.445	.384	.429	.389
安定性		1.000	.478	.374	.395
知性			1.000	.287	.476
協調性				1.000	.349
勤勉性					1.000

相関行列の対角線上の値は必ず1になるので，その部分の数値を「―」などとして省略することもあります。また，相関行列は対角線（1の部分）を

挟んで右上と左下の部分がまったく同じ値になるので，右上あるいは左下のいずれかの値だけを記載するのが一般的です。さらに，相関係数の絶対値は1より大きくなることがなく，つねに0.XXXという形になるため，たとえば0.445の1桁目の0を省略して.445とする書き方もよく用いられます。

なお，同じ形式の表で，相関係数ではなく各データの分散と共分散をまとめたものを**分散共分散行列**といいます。分散共分散行列では，表の対角線上にそれぞれのデータの分散が，それ以外の部分には各データ間の共分散が示されます。分散共分散行列は，**多変量解析**において非常に重要な役割を担います。

4.2 グラフの種類

次に，グラフを用いた値の示し方をみてみることにします。グラフはデータを視覚化するための非常に強力なツールですが，データの特徴や示したい内容とグラフの種類や形式が一致していない場合，グラフの利点が活かされないどころか結果がかえってわかりにくくなってしまうこともあります。同様に，平均値や中央値などをグラフに示す方法には一般的なルールや慣習があり，それらに沿っていないグラフはわかりにくく伝わりにくいものになってしまいます。

4.2.1 度数分布のグラフ

測定値の度数（個数・頻度）を集計した結果は，度数分布表として表に示す以外にグラフとして示すこともできます。度数分布をグラフとして示す場合，データの尺度水準によって用いられるグラフの形式が異なります。

1. 名義尺度・順序尺度の場合

測定データが名義尺度や順序尺度によるものである場合，その結果は**棒グラフ**で示されるのが一般的です。棒グラフでは，横軸に測定値のカテゴリ（種類）をとり，縦軸にカテゴリの度数をとって，カテゴリごとの度数を**棒**

の長さとして表現します。名義尺度の場合，カテゴリの順序は任意ですが，順序尺度の場合はカテゴリを順序通りに並べます（図 4-1）。

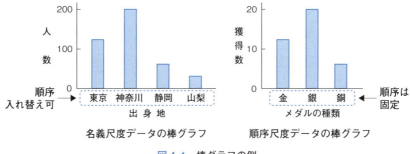

図 4-1　棒グラフの例

2. 間隔尺度・比率尺度の場合

測定値が間隔尺度や比率尺度によるものである場合，データの度数分布は棒グラフではなくヒストグラムを用いて示されるのが一般的です（図 4-2）。ヒストグラムは横軸に測定値の階級（区間）をとり，縦軸に各階級の度数をとったグラフです。第 2 章で代表値の特徴を説明する際に使用した図 2-4 では，ヒストグラムでデータを図示しています。

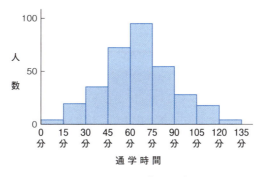

図 4-2　ヒストグラムの例

ヒストグラムの見た目は棒グラフによく似ているのですが，棒グラフは横軸が離散データであるのに対し，ヒストグラムの横軸は連続データであると

いう点が異なります。そのため，一般にヒストグラムではそれぞれの棒と棒の間隔を空けずに図示します。

また，棒グラフとヒストグラムの違いは単に棒同士がくっついているかどうかだけではありません。棒グラフでは**棒の長さ**がデータを示すのに対し，ヒストグラムでは階級の幅と棒の長さの両方，つまり**棒の面積**がデータを表します。そのため，第2章の**図2-4**のように階級によって集計の幅が異なるデータをヒストグラムで示す場合には，幅が異なる部分の階級の度数を階級の幅で調節してグラフに示します。実際，第2章の**図2-4**に示した貯蓄データでは，貯蓄額1,000万円以下は100万円，1,000万円から2,000万円までは200万円の幅で集計されているので，1,000万円から2,000万円までの階級ではそれぞれの度数を1/2にして縦軸に示してあります。

ヒストグラムはデータ分析の際にも重要な役割を担います。第2章の2.1.4でも説明したように，間隔尺度や比率尺度のデータだからといって，平均値が最適の代表値とは限りません。データの分布に偏りがないかどうかを確かめるには，まずヒストグラムを作成してデータの分布を確認するのがよいでしょう。また，データがどのように分布しているかという情報は，次章で扱う推測統計においても非常に重要な意味をもちます。

4.2.2　中央値のグラフ

中央値をグラフで示す際には，**図4-3**のような**箱ひげ図**（ボックスプロット）とよばれる図がよく用いられます。

箱ひげ図の箱の大きさは第1四分位から第3四分位までの幅（四分位範囲）で，箱の中央部分の区切り線は中央値（第2四分位）です。また，ひげの長さはそれぞれ第1四分位と第3四分位から最小値と最大値までを基本としますが，四分位範囲の1.5倍以上の値がある場合，それらを**外れ値**とし，外れ値以外の最小値と最大値までをひげの長さとすることもあります。その場合，外れ値はひげの外側に個別の点として示します（**図4-4**）。

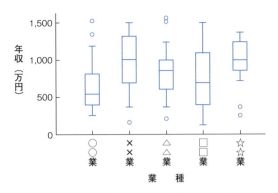

図 4-3　箱ひげ図による中央値の図示の例

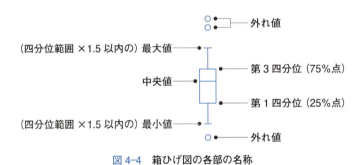

図 4-4　箱ひげ図の各部の名称

4.2.3　平均値のグラフ

　平均値を図に示す場合，棒グラフや折れ線グラフがよく用いられます。棒グラフは，たとえば男女それぞれの平均身長を図示するというように，さまざまなデータの量を示す場合に用いられます。これに対し，半年後，1年後の平均値というように，平均値の推移を示す場合には折れ線グラフが用いられるのが一般的です。

1.　棒グラフ

　一般には平均値だけを示した棒グラフもよくみられますが，研究論文など

で棒グラフを使用する場合には，平均値だけでなくデータの散らばりの指標も合わせて示すのが一般的です。その場合，データの散らばりは誤差線（エラーバー）という形で示します（図 4-5）。

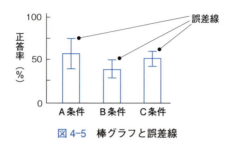

図 4-5　棒グラフと誤差線

　誤差線の長さには標準偏差が用いられることが多いですが，場合によっては次章で説明する標準誤差や信頼区間が用いられている場合もあります。誤差線の長さが標準偏差なのか信頼区間なのかはグラフを見ただけでは区別できませんので，誤差線に示した値が何であるのかは図の注釈などに明示する必要があります。

2. 折れ線グラフ

　折れ線グラフは平均値の推移を示すグラフです。折れ線グラフで結果を図示する場合にも，研究論文では図 4-6 のように平均値の上下（前後）に誤差線を使ってデータの散らばりを示すのが一般的です。

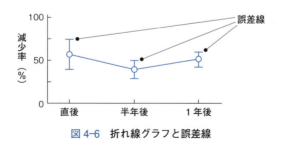

図 4-6　折れ線グラフと誤差線

4.2.4 散布図

データが1種類の場合には分布の特徴をみるのにヒストグラムがよく用いられますが，2種類のデータで分布の特徴をみる場合には図4-7のような**散布図**がよく用いられます。

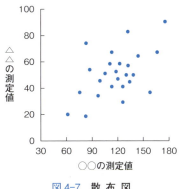

図 4-7　散 布 図

散布図は，データ間の相関を分析する際に非常に重要な役割を担います。たとえば，図4-8に示すように散布図の形は相関係数によって変化します。つまり，2つのデータで散布図を作成することにより，それらのデータの間に相関があるといえそうかどうかの見当をつけることができるのです。また，相関係数は平均値や標準偏差などと同様に外れ値の影響を受けやすい指標ですが，散布図を作成することによって，相関係数に影響を与えるような外れ値があるかどうかを知ることもできます。

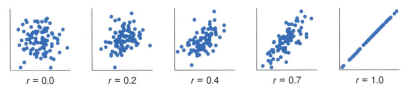

図 4-8　相関係数（r）と散布図

散布図やヒストグラムには、相関係数や平均値だけではわからない、データ分布に関するさまざまな情報が含まれています。データを適切に集計・分析するためには、平均値や相関係数を計算する前に、まずヒストグラムや散布図を使ってデータの分布をよく観察することがとても大切です。

4.3 グラフを使用する際の注意点

グラフはデータを視覚化するための方法として非常に有効ですが、適切に作成されていない場合には、どのような結果であったのかがわかりにくいだけでなく、誤解を招くことすらあります。そこで、グラフを作成する際に留意すべき基本的な点について最後にまとめておくことにします。

1. **比較したい数値をできるだけ近くに配置する**

たとえば、高校生と大学生の男女それぞれで1週間あたりの睡眠時間を測定したとします。その測定結果の平均値をグラフにする場合、図4-9のように何通りかの方法が考えられます。もし結果に示したいことが「男女問わず大学生は高校生より睡眠時間が少ない」ということだとすると、(b)のグラフよりも(a)のグラフのほうが大学生と高校生の睡眠時間を比較しやすく、違いがわかりやすいでしょう。

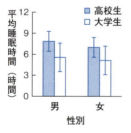
(a) グループを隣同士にした例

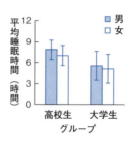
(b) 男女を隣同士にした例

図4-9　平均値の示し方の例

しかし，示したい内容が「高校生でも大学生でも男女で睡眠時間に違いはない」ということであれば，(b) のグラフのほうが「男女で差がない」ということがわかりやすくなります。このように複数の要因[1]が関係する平均値をグラフに示す場合には，比較したいもの同士ができるだけ近くになるようにグラフを作成することが重要です。

2. 数値軸の値の範囲に注意する

表計算ソフトのグラフ作成機能などを使用した場合，数値軸の最小値と最大値の範囲は自動的に設定されることがほとんどです。しかし，グラフは数値軸の範囲のとり方によって大きく印象が変わってしまうので，その設定範囲はよく考えなくてはなりません。

たとえば，7段階評定（1点〜7点）による測定値を測定条件ごとに集計して平均値を図に示す場合，表計算ソフトでは図 4-10 の (a) のようなグラフが作成されるかもしれません。(a) のグラフでは測定条件間で平均値がそこそこ違うようにみえますが，実際には両条件の平均値は1点から7点までの範囲で 0.2〜0.3 点程度のごくわずかな違いしかありません。このように測定値の取り得る範囲が1から7であるというような場合には，数値軸の範囲は (b) のグラフのように1から7が収まる範囲に設定すべきでしょう。

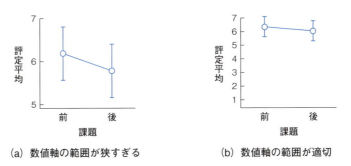

(a) 数値軸の範囲が狭すぎる　　(b) 数値軸の範囲が適切

図 4-10　数値軸の範囲が狭すぎる例

---

[1]「男・女」「高校生・大学生」など，平均値を比較したりする場合の集計基準のことをいいます。詳しくは第7章を参照してください。

その逆に，測定値の取り得る範囲に対して数値軸の範囲が広すぎると，違いの有無がわかりづらくなってしまいます．図 4-11 の (a) は，実際の測定値が 80%〜100% の値しかとらないにも関わらず，0%〜100% の範囲でグラフを作成してしまっている例です．この場合は，(b) のグラフのように数値の範囲を少し狭く設定したほうがよいでしょう．

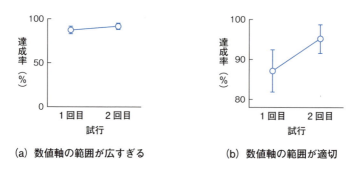

(a) 数値軸の範囲が広すぎる　　(b) 数値軸の範囲が適切

図 4-11　数値軸の範囲が広すぎる例

3. 不必要に色を使用しない

最後に，表計算ソフトでは非常にカラフルなグラフが作成されるのが一般的です．しかし測定条件が多い場合には，カラフルなグラフはごちゃごちゃして見づらくなることがあります．また，報告書をコピーして配付資料にするような場面も多くあるでしょう．そのような場合，グラフの色は見分けがつかなくなってしまいます．

また，男性では約 20 人に 1 人，女性では約 500 人に 1 人程度の割合で，赤と緑などの色の区別に困難を抱える人々がいます．それらの人々にとって，色で塗り分けられただけのグラフは非常に見づらいものになってしまうでしょう．グラフ上で測定条件ごとに塗り分けたりする場合には，色の違いだけに頼らず，パターン（網目など）や濃淡など，色以外の手がかりで区別できるような配慮も必要です．

ポイント

- 表やグラフにはそれぞれ長所と短所がある。
- 正確さを求めるなら表，見た目のわかりやすさを求めるならグラフ。
- 量を示すなら棒グラフ，推移を示すなら折れ線グラフ。
- ヒストグラムや散布図は分析ツールとしても重要である。
- 使い方や作り方が不適切な図は結果の読み間違いを生む。

第 II 部

推測と検定
一般的傾向の把握

心理学研究ではさまざまな統計が用いられています。こうした統計の目的は，実験・調査のデータそのものにどのような特徴があるのかをみることではなく，数十人や数百人といった限られた人々を対象にして得られたデータから，大学生一般や世間一般など，より幅広い対象がもつ特徴を推測し，判断することにあります。

　たくさんのデータを要約してわかりやすい形にする統計は記述統計や要約統計とよばれますが，一部のデータをもとに集団全体について推測を行うための統計は推測統計や推計統計などとよばれます。

　「統計」というと「非常に正確なもの」とイメージする人がいるかもしれませんが，統計を用いた推測であっても，推測であるからには不確かさが伴います。そしてこの不確かさに対し，確率を用いて客観的な判断を下そうとするのが統計的検定です。

　推測統計や統計的検定の考え方は記述統計に比べてイメージしづらく，わかりにくいと感じる人が多いようです。しかし，これらは心理学研究におけるデータ分析のもっとも基本となる部分ですので，しっかりと理解しておかなくてはなりません。

　なお，統計的検定の方法は，データの種類や性質，分析の目的などによってさまざまに異なります。しかし，それらのすべてを1冊の本で網羅するのは困難ですし，それは本書のような入門書の役目でもありません。本書で取り上げる統計的検定は，心理学で用いられる統計的検定の中でもとくに基本的なものです。まずはしっかり基本を押さえたうえで，使用できる分析方法の幅を少しずつ広げていくのがよいでしょう。

5 推定と検定

　心理学の研究において，関心の対象となる人々全員からデータを得ることはほとんどの場合現実問題として不可能です。たとえば，男女である特徴に違いがあるかどうかを調べたいとします。しかし，その特徴について世界中の男女すべてを対象に測定するというのは現実的ではありません。実際には，何十人，何百人というような限られた数の男女からデータを集めるしかないわけです。この場合，集めたデータで男女ごとに平均値や中央値といった代表値を求めて比較したとしても，それで示されるのは対象とした男性のデータと女性のデータに違いがあるかということだけです。

　しかし，本来の関心はそのデータに違いがあるかどうかではなく，男性（全体）と女性（全体）に違いがあるかということのはずです。それについて知るためには，手元にあるデータをもとにして「男女全体」の特徴について推測する必要があります。このとき，手元にある部分的なデータから全体を推測するために用いられるのが推測統計です（図5-1）。

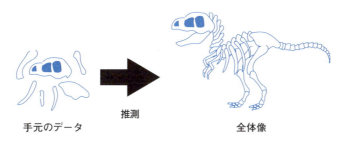

図 5-1　推測統計では，手元のデータをもとにして全体像を推測する

5.1 母集団と標本

推測統計では，関心の対象全体を**母集団**，その母集団から選び出した一部を**標本**（サンプル）とよびます。先ほどの男女の例でいうと，男女全体が母集団，実験や調査に参加した数十人，数百人の男女が標本です。ほとんどの場合，実験や調査で得られるデータは何らかの母集団の一部（標本）から得られたものです。

実験や調査で得られた標本のデータから母集団の特徴を正しく推測するためには，標本が母集団を適切に代表していなくてはなりません。たとえば，一部のお金持ちや有力者の意見を聞いただけでは国民全体の意見を知ることはできないでしょう。国民全体の意見を知るためには，できるだけたくさんの人々に聞くということも重要ですが，より幅広いさまざまな層の人々から意見を聞くということも重要です。

このように，母集団の特徴を適切にとらえるためには標本に偏りがないということが重要になります。そのため，実験や調査でデータを収集する際には，母集団の中から無作為（ランダム）に標本を選ぶ**無作為抽出**などの方法を用い，標本の偏りを最小限に抑えなくてはなりません。

標本からの母集団の推定は，しばしば「スープの味見」にたとえられます。味見というのは，鍋の中のスープの味を知りたいときに，そこから少量のスープを取り分けて口にし，それをもとにして鍋の中のスープ全体の味を推測するという行為です。この例では，鍋のスープ全体が母集団，味見用に取り分けた少量のスープが標本ということになります（図5-2）。

鍋（母集団）から少量（標本）を取り出して味見するとき，具や調味料が鍋の底のほうに固まったままでは鍋全体のスープの味を正しく判断することはできません。そのような状態で取り分けたスープの味は，実際のスープの味よりも薄かったり塩辛かったりすることでしょう。しかし，鍋全体でスープをしっかりかき混ぜてから取り分ければ，取り分けたスープの味がスープ全体の味と大きく異なるようなことはありません。無作為抽出は，このよう

図 5-2　標本による推定は「スープの味見」のようなもの

にして標本の偏りを避けるための代表的な方法です。

では，実験や調査で得た標本データから「女性全体」や「大学生全体」などという母集団の特徴を知るにはどうすればよいのでしょうか。推測統計では，母集団と標本の間にあるさまざまな数学的，確率的関係を利用して母集団について推測します。このようにして標本のデータから母集団について推測することは，**推定**とよばれます。

推定の方法には，大きく分けて**パラメトリック**なものと**ノンパラメトリック**なものがあります。パラメトリックな方法とは，母集団の分布についてあらかじめ仮定を設け，その仮定に基づいて推定を行う方法です。これに対し，ノンパラメトリックな方法では母集団の分布について特別な仮定を設けずに推定を行います。

5.1.1　確率分布と確率密度

推測統計では，正規分布や確率分布など，馴染みのない言葉がいろいろ出てきて混乱してしまう人が多いようです。そこで，まず確率に関する言葉について少し説明しておきましょう。

たとえば，表が出る確率と裏が出る確率が半々のコインがあったとします。このコインを100回投げたとき，そのうちの50回が表である確率はどの程度でしょうか。また，100回のうち100回すべて表である確率はどの程度でしょうか。100回中50回が表である確率よりも，100回中100回が表である確率のほうがずっと低いというのは直感的にも納得がいくことでしょう。統

計では，何らかの値についてそれが「あり得る程度」をまとめたものを**確率分布**とよびます。

確率分布にはさまざまなものがありますが，パラメトリックな統計でもっともよく用いられるのは**正規分布**とよばれる分布です。図 5-3 に示したように，正規分布は平均値に近いほどその値の生じやすさが高く，平均値から離れるにつれて生じやすさが低くなるという，左右対称の山形をしています。

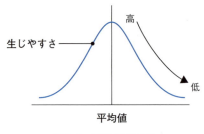

図 5-3　正規分布の形

また，確率分布と関連の強い概念に**確率密度**があります。身長や体重など値が連続的に変化する連続データの場合には，たとえば「体重が 60 kg である確率」というような，ある 1 点にあてはまる確率を求めることには意味がありません。なぜなら，体重 59 kg と 60 kg の間は連続しており，その間には 59.5 kg や 59.9 kg，59.999 kg など無数の値があり得るため，ぴったり 60 kg になる確率は限りなく 0 に近い値になってしまうからです。そこで，「体重が 60 kg **以上である確率**」というように，ある 1 点ではなく一定範囲の値が生じる確率を求めます。これが**確率密度**です。

5.1.2　正規分布

確率分布は数式（関数）によって定義されており，計算に必要ないくつかの値さえわかれば分布の形を求めることができます。そして，確率分布の形を決めるために必要な値を**母数**（**パラメータ**）とよびます。統計法で母数という場合は，主に母集団母数（母集団の分布の特徴を決定する値）を指しま

す。なお，パラメトリックな推定の「パラメトリック」とは「パラメータ（母数）の」という意味で，特定の母数（平均値や分散など）をもつ確率分布を利用して推定を行うことからこうよばれています。

　正規分布の場合，**平均値**と**標準偏差**（あるいは**分散**）の2つの値が母数となり，この2つの値によって分布の形が決まります。そして，分布の形が明らかになることで，ある値から別の値までの確率密度を計算で求めることも可能になります。正規分布のうち平均値が0で標準偏差（および分散）が1のものはとくに**標準正規分布**とよばれ，さまざまな統計手法に用いられています（図 5-4）。

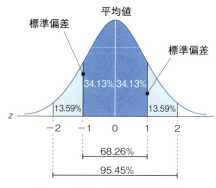

図 5-4　**標準正規分布と確率密度**

　この「平均値が0で標準偏差が1」は，標準化（第2章2.3）で説明した**標準得点**（z）がもつ特徴で，標準正規分布は標準得点（z）の確率分布です。また，標準正規分布では，分布の形を知るために必要な値が「平均値0，標準偏差1」とすでに明らかですので，zの値さえわかれば，それより大きな値が生じる確率やそれより小さな値が生じる確率を計算することができます。

　標準偏差の説明（第2章2.2.3）の中では，「平均値の前後，標準偏差1つ分の範囲には測定値全体の約70%が含まれる」といいましたが，これはこのような正規分布の特徴によるものです。図 5-4 に示したように，平均値

から標準偏差1つ分以内（標準得点の絶対値が1以下）の値が生じる確率は68.26％ですので，全体の約70％が標準偏差の範囲に収まることになります。また，標準偏差2つ以内（標準得点の絶対値が2以下）の値が生じる確率は95.45％で，この範囲には分布全体の95％以上が入ることになります。

　パラメトリックな推定ではほとんどの場合で正規分布が使用されますが，それは「20歳男性の身長の分布」や「全国模試の得点分布」など，正規分布がさまざまな値の分布にあてはまる一般的な確率分布だからです。もちろん，母集団が明らかに正規分布でない場合には正規分布を用いた推定は適しませんが，正規分布を使った推定は心理統計法の非常に基本的な部分ですので，本書では正規分布に基づく方法についてみていくことにします。

5.2 母集団の推定

　それでは，標本のデータから母集団の値を推定する具体的な方法についてみてみましょう。まず，母集団がもつ値の推定方法には，母集団がもつ値を1つの点として推定する**点推定**と，一定の範囲として推定する**区間推定**があります。

　なお，推測統計では標本と母集団の区別が重要です。そのため，推測統計では母集団の平均値を**母平均**，母集団の分散を**母分散**とよび，実際に測定した値（標本）の平均値を**標本平均**，標本の分散を**標本分散**とよんで両者を区別します。

5.2.1 点推定

　正規分布する母集団から，その標本として少数の測定値が得られたとします。この標本データから母集団の平均値と分散を推定してみましょう。まず母集団の平均値（母平均）の点推定ですが，これは非常にシンプルです。標本データの平均値，つまり標本平均をそのまま母集団の平均値の推定値として用いることができるのです。

5.2 母集団の推定

ただしこれは，標本の平均値が母平均とまったく同じになるという意味ではありません。あくまでも「理屈のうえでは同じものになる」というだけです。この点については区間推定のところで説明します。

次に母集団の分散である母分散を推定してみましょう。残念ながら，標本データの分散はそのままでは母分散の推定値としては使えません。標本データからの母分散の推定値は**不偏分散**とよばれ，次の式によって求められます。

$$不偏分散 = \frac{(測定値 - 平均値)^2 の合計}{測定値の個数 - 1} \tag{5.1}$$

おや，と思った人もいるかもしれません。この式は，第2章で説明した分散の式（(2.3) 式）とよく似ています。ただし，まったく同じというわけではなく，式の分母の部分が異なっています。分散の式の分母は「測定値の個数」でしたが，不偏分散では「測定値の個数−1」と，分散の場合より1だけ少ない数になっています。

この「測定値の個数−1」という値は**自由度**とよばれるもので，推定や検定の際にしばしば登場します。不偏分散を求める場合の自由度は「測定値の個数−1」ですが，それ以外の場合には，それぞれの計算に応じた自由度の値が用いられます。

さて，ここで多くの人が「自由度とは何なのか」「どうして個数−1なのか」と疑問をもつことでしょう。しかし統計法の入門段階では，自由度というのは「分布を調整するための値」であるという程度のイメージをもっておけば十分だと思います。どうしても気になる人は，もう少し統計的な考え方に慣れてから，他の統計法のテキストで学ぶのがよいでしょう。

なお，(5.1) 式によって求められる不偏分散と，(2.3) 式によって求められる（標本）分散の間には次のような関係があり，不偏分散と分散では不偏分散のほうが分母が小さく，不偏分散のほうがつねに分散よりも少し大きくなります。ただし，分母の違いは1だけですので，測定値の個数が増えるほど両者の差は縮まっていきます（図 5-5）。

$$\text{不偏分散} = \text{分散} \times \frac{\text{測定値の個数}}{\text{測定値の個数} - 1} \tag{5.2}$$

$$\text{分散} = \text{不偏分散} \times \frac{\text{測定値の個数} - 1}{\text{測定値の個数}} \tag{5.3}$$

偏差^{2}の合計が 300 のとき

- 測定値の個数が 10 個　　分散 $= \frac{300}{10} = 30$　　不偏分散 $= \frac{300}{10-1} = 33.333...$

　　　　　　　　　　　　　　　　　　　　違いは 3.33...

- 測定値の個数が 100 個　　分散 $= \frac{300}{100} = 3$　　不偏分散 $= \frac{300}{100-1} = 3.030...$

　　　　　　　　　　　　　　　　　　　　違いは 0.03...

図 5-5　測定値の個数が多くなるほど，分散と不偏分散の差は小さくなる

ところで，分散のルートは**標準偏差**ですが，不偏分散のルートも**標準偏差**といいます。またほとんどの場合，研究論文では不偏分散のルートを標準偏差として使用しています。分散の場合，「（標本）分散」と「不偏分散」のように 2 つを区別する一般的なよび方がありますが，標準偏差の場合には分散から求めたものと不偏分散から求めたものを区別する一般的なよび方がありませんので，その点は注意が必要です。

5.2.2　区間推定

1. 標準誤差

さて，点推定のところでは「標本の平均値がそのまま母平均の推定値になる」と説明しましたが，これはあくまで「理屈のうえでは」そうなるというだけのことであって，実際に標本の平均値と母集団の平均値がまったく同じになるということはそうそうありません。

たとえば次の例を考えてみてください。トランプのカードは正規分布ではありませんが，身近なものを例にあげたほうがイメージしやすいので，ここではトランプを例として用いることにします。

5.2 母集団の推定

> ジョーカーを除いた 52 枚のトランプのカードがあります。A, J, Q, K はそれぞれ 1, 11, 12, 13 と数えるとすると，このトランプ全体の平均値は 7 です。このトランプのカードをよくシャッフルし，そこから 3 枚カードを取り出したとすると，その 3 枚の平均値はいくつになるでしょうか。

この例では，トランプ全体が母集団，そこから取り出した 3 枚のカードが標本です。さて，取り出した 3 枚のカード（標本）の平均値は，母集団の平均値 7 と同じになるでしょうか。手元にトランプがあれば，実際に何度か繰り返して試してみてください。ぴったり 7 になることもあるかもしれませんが，引くたびにカードは変わりますので，その 3 枚の平均値はそのつど変化し，ぴったり 7 になることはなかなかありません。

それはトランプが正規分布ではないからだと思うかもしれませんが，たとえ正規分布する母集団の場合であっても，そこから無作為に取り出した標本の平均値が母集団の平均値と完全に一致することはほとんどありません。どのような標本を得たかによって標本の平均値はそのつど変わるため，母集団の平均値との間には必ずといっていいほど*ずれ*が生じるのです。ただし，標本の平均値が母集団の平均値とまったく異なるデタラメな値になるというわけではなく，標本の平均値は母集団の平均値にそこそこ近い値になることが多く，標本の平均値が母集団の平均値とまったく異なる値になることは稀です。

図 5-6 は，このトランプの例のように 52 枚から 3 枚を無作為に取り出してカードの平均値を求めるという作業を 1 万回行った結果[1]を図示したものです。このように図にしてみると，標本の平均値は母集団の平均値に近い値になる場合が多いことがわかります。なお，この手順を無数に繰り返し，そ

---

[1] コンピュータでシミュレーション計算したものです。さすがに実際に 1 万回引いて数えるのは大変です。

こで算出された平均値の平均値を求めると，その値は母集団の平均値と同じになります．

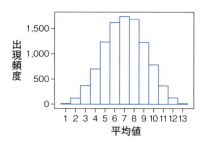

図 5-6　52 枚のトランプから 3 枚を取り出して平均値を求めたときの平均値の出現頻度
横軸は 3 枚のカードの平均値，縦軸は出現頻度を表す．

　また，標本に含まれる測定値の個数が多くなるほど，母集団の平均値と標本の平均値のずれは小さくなります．これもトランプの場合で考えてみましょう．52 枚だと多くてイメージしにくいようであれば，1 種類のマークの 1 から 13 までのカードだけで考えても構いません．その場合も 13 枚の平均値は 7 です．そこから 3 枚引いて平均値を算出すると，7 から大きくずれた値になることもあります．しかし，13 枚から 10 枚引いて平均値を求めた場合はどうでしょうか．13 枚のカードの大部分で平均することになりますので，毎回ほぼ 7 に近い値ばかりが得られます．

　このような，母集団から標本を取り出して平均値を求めたときの平均値のずれ（誤差）の大きさを標準誤差とよびます．標準誤差は，Standard Error の頭文字をとって *SE* と表記されることもあります．この標準誤差は，「ある母集団から標本を取り出して平均値を求める」という作業を何度も繰り返したときの平均値の標準偏差です（図 5-7）．標準誤差が小さいということは，標本の平均が毎回ほぼ母平均に近い値になるということであり，それだけ推定の精度が高いということを意味します．

　標準誤差は，母集団の分散（母分散）と標本の間で次のように定義されます．

5.2 母集団の推定

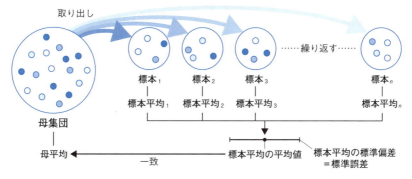

図 5-7 標準誤差は標本平均の標準偏差

$$標準誤差 = \sqrt{\frac{母分散}{標本に含まれる測定値の個数}} \quad (5.4)$$

ただし,実際の場面で母集団の分散がわかっているということはほとんどありませんので,標本のデータから標準誤差を求める場合には母分散の代わりに不偏分散を使用します。

$$標準誤差 = \sqrt{\frac{不偏分散}{標本に含まれる測定値の個数}} \quad (5.5)$$

2. 信頼区間

標本の平均値が母集団の平均値(母平均)と完全に一致することはまずないにしても,標本平均がどれくらいの精度で母平均を推定できるかがわかっていれば,少なくともこれくらいの範囲にはあるだろうという形で,母平均を含む区間を求めることが可能になります。このような考え方で,母平均を1つの値(点)としてではなく,区間(範囲)として推定するのが区間推定です。なお,母集団の平均値だけでなく,比率,分散,相関係数などさまざまな値が区間推定の対象となりますが,本書では平均値の区間推定だけを扱います。

区間推定では,「○%の確率で母平均を含む区間」という形で母平均の推

定を行います。そしてこの「○％の確率で母平均を含む区間」を○％**信頼区間**といいます。信頼区間は，Confidence Interval の頭文字をとって，**CI** とも示されます。一般的には 95％信頼区間や 99％信頼区間がよく用いられます。

　信頼区間は標準正規分布の性質を利用して求めることができます。先ほど説明したように，標準誤差は母集団から繰返し標本を取り出して平均値を求めた場合の標本平均の標準偏差です。そして，その場合の標本平均は正規分布になるという性質があります。そのため，正規分布するある母集団から標本を取り出したとき，その標本の平均値が母平均から一定範囲内にある確率がどれだけかということは，正規分布の性質を利用して求めることができるのです（図 5-8）。

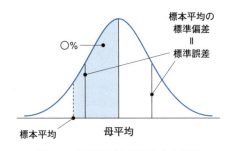

図 5-8　**標準誤差と正規分布の関係**

　図 5-4 に示したように，標準正規分布では z の絶対値が 1 以下になる確率は 68.2％でした。では，たとえばこの確率が 95％であるのは z の絶対値がいくつ以下の場合でしょうか。標準正規分布では，そのような z の値は 1.960 で，z の絶対値が 1.960 以下の範囲（−1.960〜1.960）に分布全体の 95％が含まれます。

　ただし，標準正規分布は平均値が 0，標準偏差が 1 の大きさになっていますので，特定の母集団について考える場合には正規分布の大きさや位置をその母集団にそろえる必要があります。正規分布の大きさや位置をそろえる方法は，基本的に学力偏差値や偏差知能指数を求めるのと同じです（第 2 章

5.2 母集団の推定

2.3 参照)。標準正規分布の標準偏差が標準誤差と同じになるように分布全体を拡大し、そして分布の平均値 (0) に母集団の平均値を加えて分布全体を横にずらします。

たとえば、母平均が 50 で標準誤差が 3 だったとすると、分布の 95% が含まれる範囲は標準正規分布を 3 倍して $-1.96 \times 3 = -5.88$ から $1.96 \times 3 = 5.88$ までということになります。また、正規分布全体を 50 だけ横にずらす必要がありますので、先ほど求めた $-5.88 \sim 5.88$ という確率 95% の範囲は、$-5.88 + 50 = 44.12$ から $5.88 + 50 = 55.88$ となります。つまり、母平均が 50 で標準誤差が 3 の場合には、そこから取り出した標本の平均値は、95% の確率で $44.12 \sim 55.88$ の範囲に収まるということになります (図 5-9)。

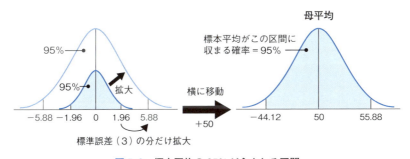

図 5-9　**標本平均の 95% が含まれる区間**

ただし、これはある母集団から取り出した「標本の平均値」が散らばる範囲です。知りたいのは、標本平均がどれくらいの範囲に散らばるかではなく、母集団の平均値がどれくらいかということだったはずです。では、母平均の信頼区間はどのようにすれば求められるのでしょうか。

ここで、先ほど求めた範囲の中心に、母平均ではなく標本平均を用いたらどうなるでしょうか。母集団から得た標本の平均値の 95% は先ほどの範囲に収まるのですから、その範囲内にある標本平均を中心として先ほど求めたのと同じ大きさの範囲を設定すれば、その中に母平均が含まれることになり

ます（図5-10）。このようにして算出される範囲が母平均の**95%信頼区間**です。

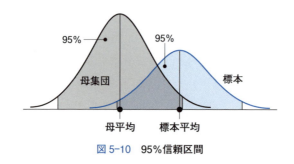

図5-10　95%信頼区間

95%信頼区間の求め方を式で表すと次のようになります。

$$95\%信頼区間 = 平均値 \pm 1.960 \times 標準誤差 \qquad (5.6)$$

たとえば，標本の平均値が10で，標準誤差が2であった場合，平均値の95%信頼区間は$10 \pm 1.960 \times 2$で，6.08から13.92の区間ということになります。信頼区間の小さいほうの値（6.08）は信頼区間の**下限値**，大きいほうの値（13.92）は信頼区間の**上限値**とよばれます。

ただし，これはあくまで母分散を基準として標準誤差を求められる場合の話です。不偏分散から標準誤差を算出した場合，不偏分散はあくまでも推定値であって母分散そのものではありませんので，確率計算にはどうしてもずれが生じてしまいます。そこで，不偏分散を用いて標準誤差を求めた場合には，標準正規分布の代わりに**ステューデントのt**とよばれる確率分布を用いて確率計算を行います。

このtの分布は正規分布に似た形をしていますが，**自由度**によって形が変わります。自由度が無限大（∞）の場合には標準正規分布と同じ形になりますが，自由度が小さくなるほど分布の形は全体的に平たくなり，中心から離れた値の生じる確率が相対的に高くなります（図5-11）。

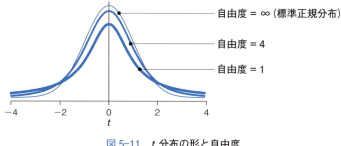

図 5-11　t 分布の形と自由度

不偏分散を用いて標準誤差を求めた場合，95%信頼区間を求めるには先ほどの z の値を t に置き換えて計算します。

$$95\%信頼区間 = 平均値 \pm t \times 標準誤差 \qquad (5.7)$$

先ほど説明したように，t の分布は自由度によって変化しますので，95%の信頼区間を求める場合には自由度に応じた t の値を使用しなくてはなりません。信頼区間の計算に用いる t の自由度は，不偏分散を求めるときと同じで「測定値の個数 − 1」です。

最近では t の値は統計ソフトなどで簡単に算出できますが，以前は各自由度に対応する t の一覧表（t 分布表）を使用して求めるのが一般的でした。本書を含め，統計法のテキストのほとんどには，今でも最後にさまざまな値の一覧表が掲載されています。t 分布表で95%信頼区間の計算に必要な t を求めるには，巻末の「有意水準5%の t の臨界値（両側確率）」の表で自由度（df）が「測定値の個数 − 1」の部分を見ます。

なお，**両側確率**とは平均値（中心）より小さい場合（左側）と大きい場合（右側）の両側を考えた場合の確率ということです。これに対し，どちらか一方の確率だけを考えるものを**片側確率**とよびます（図 5-12）。区間推定では，平均値の前後の区間を求める必要があるので両側確率で考えなくてはなりません。

一般的な統計法のテキストでは両側確率と片側確率の両方を示してあるこ

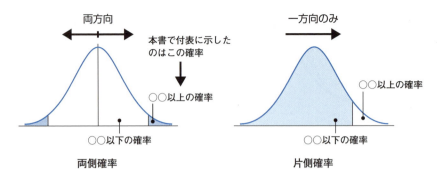

図 5-12　両側確率と片側確率

とが多いのですが，本書では t は両側確率しか使用しませんので，本書の巻末には両側確率だけを示してあります。また，本書の t の表は，95％信頼区間の計算に必要な値の一覧です。99％信頼区間など，95％以外の信頼区間を求めたい場合には，他のテキストに示されている表を使用するか，統計ソフトなどで必要な t の値を求める必要があります[2]。

では，例題を用いて信頼区間を計算してみましょう。

> 10 個の測定値を含む標本データがあります。この標本データの平均値は 10，標準誤差が 2 でした。この標本データから母平均の 95％信頼区間を求めると，その下限値と上限値はいくつになるでしょうか。

例題データでは，t の自由度は $10-1=9$ です。そこで，本書巻末の t 分布表を用いて自由度 9 の行にある t の値を探してみると，自由度 9 の t は 2.262 とあるはずです。後は先ほどの (5.7) 式の t にこの値を代入すれば信頼区間が求まります。信頼区間の下限値は $10-2.262\times2=5.476$，上限値は

---

[2] Excel 2010 以降では T.INV.2T(有意水準，自由度) という関数で必要な t の値を求めることができます。たとえば，99％信頼区間の計算に必要な両側確率 1％（0.01）の自由度 5 の t の値を求めたい場合，入力欄に「=T.INV.2T(0.01,5)」と入力して実行すれば「4.032…」と求まります。

10 + 2.262 × 2 = 14.524 です。平均値が 10，標準誤差 2 の場合の 95％信頼区間を z を用いて計算すると 6.08〜13.92 ですから，t を用いた場合のほうが区間がやや広くなっているのがわかります。

3. 信頼区間の意味するところ

「95％信頼区間」というのは「この区間のどこかに 95％の確率で母平均がある」というふうに解釈されやすいのですが，それは正しくありません。「その区間が母平均を含んでいる確率が 95％である」というのが正しい解釈です。つまり 95％信頼区間とは，「ある母集団から標本を取り出して信頼区間を求めるという作業を 100 回行った場合に，それら 100 個の信頼区間のうち少なくとも 95 個にはきちんと母平均が含まれている」というものなのです。

このことをイメージしやすくするために，スイカ割りを例に考えてみましょう。あなたは手に棒を持ち，目隠しされた状態です。そしてあなたの前方にはスイカが 1 つ置かれています。あなたは空振りすることなくスイカを叩くことができるでしょうか。

このとき，あなたが手に持っている棒が非常に太くて幅の広いものであれば，かなりの確率でスイカを叩くことができるでしょう。しかし，その棒が細い場合には空振りする確率は高くなります。この例におけるスイカが母平均，棒が標本平均，棒の太さ（幅）が信頼区間です（図 5-13）。

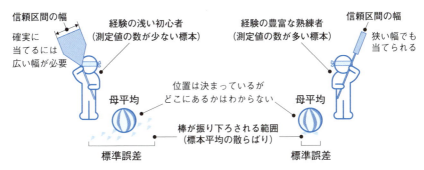

図 5-13　信頼区間（confidence interval）は，これならターゲット（母平均）をとらえられるという「自信（confidence）」をもてる幅

スイカ割りのスイカは地面に置かれており，移動することはありません。しかしあなたは目隠しされていて，スイカがどこにあるのかを正確に知ることはできません。同じように，母集団の平均値は1つの決まった値ですが，それがどこにあるのかを正確に知ることはできません。また，あなたが持っている棒は，あなたが腕を振り下ろすたびに少しずつ違うところを叩くことになるでしょう。同様に，母集団から得られた標本のデータは，標本を取り出すたびに変化します。

棒の太さが信頼区間だといいましたが，棒が十分に太ければ，ほぼ空振りすることなく，スイカを叩くことができるでしょう。それと同様に，標本平均の前後に十分な幅をもった区間を設定しておけば，空振りすることなくその区間で母平均をとらえることができます。そして95%信頼区間の「95%」とは，棒を振り下ろしたときにスイカをとらえられる確率を意味します。つまり「これだけの太さがあれば100回中95回はスイカを叩くことができるだろう」ということです。

なお，測定値の個数が多くなれば，それだけ標準誤差は小さくなり，信頼区間の幅も狭くなります。スイカ割りの例でいえば，経験豊富な熟練者（測定値の個数が多い標本）であれば，棒を振り下ろすフォームが安定していて（標準誤差が小さい），細い棒（狭い信頼区間）であってもスイカ（母平均）をうまくとらえられることでしょう。しかし，経験の浅い初心者（測定値の個数が少ない標本）は，フォームが不安定で棒の行き先も安定しません（標準誤差が大きい）ので，スイカ（母平均）をとらえるためにはそれなりに太い棒（広い信頼区間）が必要になります。

5.3 統計的検定

男女で○○に差があるか，日本人とアメリカ人で××に差があるか，叱って育てた場合と褒めて育てた場合とで子供の△△に差があるかなど，ある要素について調査を行い，その測定値にグループ間で差があるかどうかを確か

めることを目的とした研究は数多くあります。こうした研究でも、手元にある標本データをもとに、関心の対象となる母集団全体における差や関係について検討することになりますので、やはり推測統計の考え方が重要になります。

さてここで、ある心理的傾向について男女それぞれ100名ずつを対象に調査したとします。調査の結果、その心理傾向の平均得点は男性で49.5点、女性で50点でした。調査結果の平均点には男女で0.5点の差があったわけですが、この結果から母集団（女性全体と男性全体）でも女性のほうが男性より点数が高いということはできるでしょうか。

ここで考えなければならないのは、母集団の平均値と標本の平均値の関係です。推測統計のところで説明したように、母集団から取り出した標本の平均値は必ずしも母集団の平均値とは一致しません。どのような標本を取り出したかによって標本の平均値は変化するからです。測定値でみられた0.5点という男女の差は、母集団（男女）の差を反映したものであるという可能性もありますが、もしかしたら標本を取り出した際にたまたま生じたものかもしれません。そこで、こうした問題について確率を用いて客観的に判断しようとするのが**統計的検定**です。

5.3.1 帰無仮説と対立仮説

ある値について母集団の間に差があるかどうかを確かめたいとき、「両母集団の間に差がある」確率はどのように求められるのでしょうか。じつは、統計的検定では「差がある」場合について確率を計算するのではなく、「差がない」場合についての確率を計算します。

なぜ、差がある場合の確率を計算しないのでしょうか。それは、「差がある」という状態が無数に考えられるからです。ある値について「男女で差がある」という場合には、男性の値が女性の値より高い場合と低い場合の両方が考えられます。また、男女の差が10点の場合、20点の場合、30点の場合……と、差があるパターンは無数に存在します。これに対し、「男女で差が

ない」というのは「男女の値が同じ」という1つのパターンしかありません（図 5-14）。

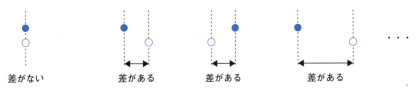

図 5-14 「差がある」組合せは無数にあるが，「差がない」のは1つだけ

そこで統計的検定では，標本データでみられた男女の差について「その差は母集団から標本を取り出した際にたまたま生じた誤差であって，男女の本来の差ではない」という仮説を立て，そのような男女差が誤差として偶然に生じる確率がどれくらいあるかを計算します。しかしほとんどの場合，「男女で差があるだろう」と見込んで検定するわけですので，この「実際には男女に差はなく，差があるようにみえるのは誤差のせい」という仮説は否定されることを前提にした仮説です。このような，否定されることを前提に立てられる仮説のことを帰無仮説とよびます。

この帰無仮説に基づく計算の結果，その差が偶然生じたものである確率が極めて低い場合には，それを「誤差のせい」と考えるのは無理があります。そこで，その場合には帰無仮説を否定（棄却）して，帰無仮説とは反対の仮説である「差は誤差のせいではない（両者に差がある）」を結論として採択します。このような，帰無仮説と反対方向の仮説は対立仮説とよばれます。

このように，統計的検定では「差がある」という仮説を直接確かめるのではなく，その反対の「差がない」という仮説を否定することによって「差がある」ことを示そうとする方法をとっています。おそらくこうした少々回りくどいやり方が，統計的検定の考え方をわかりにくく感じさせるのでしょう。

5.3.2 第1種の誤りと第2種の誤り

ある母集団における差の有無について標本データをもとに判断するのは，

5.3 統計的検定

タレント希望者の才能の有無をオーディションで判断するのに似ています。オーディションのような限られた時間では，応募者の真の才能や将来性を見抜くことが難しい場合もあります。オーディションに合格してもその後パッとしなかったという場合もあるでしょう。また，本当はすごい才能をもっていたのにオーディションに合格できなかったという場合もあるはずです。

統計を用いた検定も同様で，実際には母集団に差はないにも関わらず差があると判断してしまうこともあれば，実際には差があるのにそれを見のがしてしまうということもあり得ます。統計的検定では，実際には差がないのに差があると判断してしまうことを**第 1 種の誤り**，実際には差があるのにそれを見抜けないことを**第 2 種の誤り**といいます。タレントオーディションの例でいえば，才能のない応募者を有望だと判断してしまうのが第 1 種の誤り，才能があるのにそれを見抜けないのが第 2 種の誤りです。これらをまとめたものが**表 5-1** です。

表 5-1　第 1 種の誤りと第 2 種の誤り

判断	実際	
	差がある（才能がある）	差はない（才能はない）
差がある（才能がある）	正しい判断	第 1 種の誤り（見込み違い）
差はない（才能はない）	第 2 種の誤り（見のがし）	正しい判断

第 1 種の誤りはギリシャ文字の α（アルファ）で表され，α が生じる確率をどこまで許容するかという基準は**有意水準**や**危険率**とよばれます。心理学では，多くの場合有意水準 5%（$\alpha = 0.05$）あるいは有意水準 1%（$\alpha = 0.01$）という基準が用いられます。

ある検定結果について「差が 5%水準で有意」といったとき，それは「これ以上の差が偶然に生じる確率は 5%未満である」ということであり，つま

りは「この差が単なる偶然であるとは考えにくい」ということを意味します。なお，差が偶然に生じ得る確率（p）は**有意確率**ともよばれます。論文などでは「有意水準5%で差が有意であった」ということを示す場合に「$p<.05$」という表現がよく用いられます。

また，第2種の誤りの可能性はギリシャ文字のβ（ベータ）で表され，「第2種の誤りを犯さない確率（$1-\beta$）」は**検定力**とよばれます。

5.3.3 有意差

心理統計の授業では，この「差が有意である」とか「差が有意でない」というのがどういうことなのかがよくわからないという声をしばしば耳にします。「有意差がある（ない）」「統計的に有意である（有意でない）」というのがどういうことなのかを理解するために，先ほどのオーディションの例で考えてみましょう。

タレントオーディションでは，審査員たちは応募者の演技や歌を見て，才能があるかどうか，将来有望かどうかを判断し，合格か不合格かを決定します。たとえば歌手のオーディションに応募してくる人たちは，一般的に歌が上手である場合が多いかもしれません。しかし「まあまあ上手いほう」という程度では，オーディションには合格できないでしょう。

ある応募者の歌が一般の人々に比べてはるかに上手であった場合，審査員たちは「この才能は本物だ」「将来有望だ」と判断します。これは，統計的検定における「有意差がある」という状態にあてはまります。しかし，応募者の歌が「ごく普通のレベル」であったり「上手だけれども飛び抜けて上手というほどではない」というレベルだった場合には，審査員たちは「これではだめだ」「才能があるとまではいえない」などと判断するでしょう。これが，統計的検定における「有意差がない」という場合です。

つまり，「差が有意」とは，標本データにみられる差（オーディションでの歌）から，母集団に差がある（才能がある）と確信をもてる場合をいい，「差が有意でない」とは，標本データにみられる差（オーディションでの歌）

では母集団に差がある（才能がある）とはいえない場合をいうのです。

なお，たとえば男女の差についての検定結果が有意でなかった場合に「男女の値は完全に同じである」と考えるのは正しくありません。オーディションの例でも，「ぜんぜんダメ」という場合もあれば，「いい線いっているんだけど……」というような場合もあるでしょう。同様に，統計的検定の場合にも「まったく差がない（同じ）」といえる場合もあれば，「疑わしいが差があるとまでは断定できない」という場合もあります。「有意な差がない」という場合にはこの両者が含まれますので，その点は注意が必要です。

ポイント

- 推測統計は，手元にあるデータから全体像を推測（推定）する。
- 手元にあるデータを標本，全体像を母集団という。
- 全体像を推測するときには，正規分布とよばれる確率分布がよく用いられる。
- 統計的検定では，差が偶然に生じる確率を計算する。
- 有意確率は，「差がある」という判断が「見込み違い」である確率である。

6 平均値の検定

さまざまな研究で用いられる平均値の検定ですが，平均値の検定は分析対象となるデータによって手順がさまざまに異なります。この章ではまず，標本データから算出される平均値が1つの場合と2つの場合の検定方法について説明します。

6.1 平均値が1つの場合の検定

標本データから算出された平均値が1つしかない場合，何をどう検定する必要があるのかと思う人もいるかもしれません。平均値が1つの場合の検定とは，次の例題のように，標本データの平均値と想定される母集団の平均値との間で差を検定する場合です。

6.1.1 母分散が既知の場合（z 検定）

> ある心理検査（平均 100，標準偏差 15）について，本当にその平均点が 100 になっているかどうかを確かめたいと思います。そこで，無作為に選んだ 30 名を対象にこの検査を実施したところ，その平均点は 105 点でした。この検査の平均点は 100 であるといってよいのでしょうか。

平均値が1つの場合の検定では，対象となる母集団の分散がわかっているかどうかによって用いられる統計量が異なります。母集団の分散がすでにわかっている（既知である）という状況はそれほど多くありませんが，例題のデータでは検査得点の標準偏差は 15 ですから，分散は明らかです（分散 = 標準偏差^2 = 15^2 = 225）。

6.1 平均値が1つの場合の検定

母集団の分散がすでにわかっている場合，標準得点（z）の性質を利用して平均値の検定を行います。例題のデータでは，得られた心理検査の平均点（105点）は想定される平均点（100点）より5点高いですが，さて，この検査の平均点は100であるといってよいのでしょうか。

前章で説明したように，母集団から標本を取り出して平均値を求めた場合，その値は母集団の平均値とそこそこ近い値になることはあっても完全に一致することはめったにありません。ですから，今回の30名の標本から得られた平均点がぴったり100でないからといって，それだけで検査の本当の平均値が100でないということはできません。そこで，この標本の平均値が母集団の平均値100と有意に異なっているかどうかを統計的検定で確かめてみましょう。

統計的検定ではまず，標本平均と母集団の平均（母平均）には差がないという仮定（**帰無仮説**）を立てます。実際には5点の差があるわけですが，これはあくまでも偶然生じた誤差であって，実際の平均値は一致していると仮定するわけです。そしてその仮定のもとで，誤差として平均値に5点の差が生じる可能性がどの程度あるのかを計算します。

ここで，母集団から無作為に取り出した標本の平均値が散らばる範囲は**標準誤差**で示されるということを思い出してください。標準誤差は，母集団の分散（母分散）を標本に含まれる測定値の個数で割ってルートを掛けたものでした。したがって，例題データの標準誤差は次のように約2.74となります。

$$標準誤差 = \sqrt{\frac{母分散}{測定値の個数}} = \sqrt{\frac{225}{30}} = 2.7386...$$

標準誤差は**標本平均の標準偏差**ですから，標本平均105と母平均100の差をこの標準誤差で割ってやれば，標本平均と母平均値の差を標準得点（z）に変換することができます（第2章2.3参照）。

$$z = \frac{標本平均 - 母平均}{標準誤差} \qquad (6.1)$$

$$= \frac{105 - 100}{2.74} = 1.8248\ldots$$

　この (6.1) 式は，第 2 章で取り上げた (2.7) 式の「測定値」を「標本平均」に，「平均値」を「母平均」に，「標準偏差」を「標準誤差」にそれぞれ置き換えただけで，基本的に同じものです。測定値の標準得点を求める場合には測定値と平均値の差が標準偏差何個分かという形に変換しますが，平均値の差を検定する場合には，標本平均と母平均の差が標準誤差何個分かという形に変換するのです。

　このようにして z を求めることができれば，後は標準正規分布を利用して確率判断を行うだけです。z が 1.82 以上になる確率が非常に低いものであれば，5 点という差が標本を取り出した際の誤差で生じたものとは考えにくいので，両者は異なっていると考えます。

　このとき，その確率を「非常に低い」とみなすかどうかの基準が有意水準です。心理学では有意水準を 5% にすることが多く，算出した z 以上の値が生じる確率が 5% 未満の場合に「確率が非常に低い」と判断して帰無仮説を棄却し，「平均値に差がある」という対立仮説を採択します。また，確率が 5% 以上の場合には「確率が非常に低い」とはみなさず，「平均値に差はない」という帰無仮説を結論として採択します。

　さて，標準正規分布では z の絶対値が 1.960 以下の範囲に分布全体の 95% が含まれるということを前章で説明しました。ということは，z がこの値よりも大きければ，そのような値が生じる確率は 5% 未満であり，「平均値に有意な差がある」といえることになります。この $z = 1.960$ のように，確率が 5% 未満であるかどうかの判断の基準となる値のことを臨界値といいます。

　例題データでは z は 1.82 で臨界値の 1.960 より小さな値なので，「平均値に差はない」という帰無仮説を棄却することはできません。つまり，標本の平均が 105 だからといって「テストの平均点が 100 でない」とはいえない

6.1 平均値が1つの場合の検定

（平均値に有意な差はない）ということになります。

ここまで計算手順の説明ばかりになってしまいましたので，ここでこの帰無仮説を用いた検定の考え方について例をあげてみてみましょう。

> あるスポーツチームでは，その選手に素質があるかどうかをボール投げの距離で判断しています。そのテストでは，ボールを合格ラインより遠くに投げられたら合格，そうでなければ失格です。このチームはかなりの強豪でテストの基準も厳しく，入団希望者全体の平均値をかなり上回らないといけません。このテストに合格できるのは全体の数％程度といわれています（図6-1）。

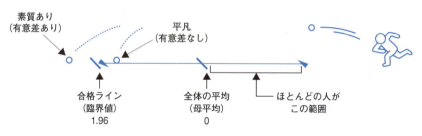

図6-1 帰無仮説を用いた仮説検定の考え方

z を用いた検定の考え方は，基本的にこの入団テストと同じです。算出した z の値は，その受験者のボール投げの距離（標本平均）が全体の平均値をどれだけ上回っているかに相当するものです。この値が合格ライン（臨界値1.960）を超えれば素質がある（有意差がある）選手とみなされて合格，超えなければ素質がない（有意差がない）平凡な選手とみなされて不合格になります。

なお，ボール投げの入団テストでは全体の平均値を上回る場合しか考慮しないでしょうが，通常の平均値の検定では標本平均が母平均より高い場合も低い場合も考える必要があります。その場合，検定には**両側確率**を使用して臨界値を設定します。両側確率を使用して検定する場合，z が臨界値より大

きいかどうかは z の**絶対値**で判断します。

例題データでは，z の計算結果は 1.960 の合格ラインを超えていませんから「平凡」の範囲内（有意差なし）ということになります。この検定結果を標準正規分布に重ねて表すと図 6-2 のようになります。

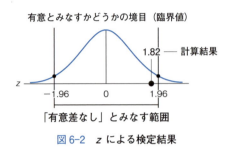

図 6-2　z による検定結果

最後に，ここまでに使用した z の計算式をまとめておきましょう。

$$z = \frac{標本平均 - 母平均}{標準誤差}$$

$$= \frac{標本平均 - 母平均}{\sqrt{\dfrac{母分散}{測定値の個数}}} \quad (6.2)$$

6.1.2　母分散が未知の場合

先ほども述べたように，母集団の分散があらかじめわかっているという場合はそう多くありません。母分散がわからない場合には，**不偏分散**を用いて母分散を推定するしかありません。母分散の推定値として不偏分散を用いる場合，測定値の個数によって推定の精度が変化します。そのため，不偏分散を用いて平均値の信頼区間を求める場合には，z の代わりに t という統計量を使用しました。

その考え方は平均値の検定でも同じです。母分散がわからない場合，差が有意かどうかの判断には z ではなく t の分布を用います。この場合の計算式

は次のようになります。

$$t = \frac{標本平均 - 母平均}{標準誤差}$$

$$= \frac{標本平均 - 母平均}{\sqrt{\dfrac{不偏分散}{測定値の個数}}} \tag{6.3}$$

見ての通り，(6.3) 式は (6.2) 式の母分散が不偏分散に置き換わっただけです。ただし，確率の計算には z ではなく t の分布を使いますので自由度が必要です。この場合の自由度 (df) は，不偏分散を計算する場合と同じく「測定値の個数 − 1」です。計算によって求めた t の値が自由度「測定値の個数 − 1」の t の臨界値よりも大きければ，平均値の差は有意であるとみなされます。

6.2 平均値が2つの場合の検定

男性と女性で○○に差がみられるか，△△療法の実施前と実施後で××に差がみられるかなど，2つのグループ間で平均値に差があるかどうかを確かめたい場面は多々あります。こうした2つの平均値の差について検討する場合にも t が用いられます。t を用いた検定は一般的に t 検定とよばれますが，2つの平均値についての t 検定は，データに対応がある場合と対応がない場合とに分けられます。

6.2.1 対応がある場合の t 検定

ダイエット参加者5名についてダイエット前とダイエット後の体重 (kg) を測定した結果が次の数値です。この結果から，ダイエットで体重が減少したといえるでしょうか。

	ダイエット前	ダイエット後
参加者1	62	59
参加者2	59	57
参加者3	61	61
参加者4	71	62
参加者5	67	66
平均値	64	61

　データに「対応がある場合」とは，共分散や相関係数を求めたときのように，平均値を比較したい2つのデータ間で測定値に特定のペアが作れる場合を指します。例題のようにダイエット前とダイエット後の体重に差がみられるかどうかを調べたい場合，同じ1人の参加者についてダイエット前とダイエット後の両方で体重を量ることでしょう。

　また，2つの飲料を飲み比べておいしさの評価に違いがあるかどうかを確かめるというような場面でも，同じ人物が飲料Aと飲料Bの両方を飲んで評価したのであれば，その評価値をペアにすることができます。このように，対応がある場合のデータは同一人物に対して複数回の測定を行っていることが多いため，対応ありのデータは繰返しありのデータとよばれることもあります。

　対応があるデータのt検定では，対応する測定値同士で差を計算し，その平均が0かどうかを確かめる方法がとられます。母集団で2つの値が同じであれば，その差は0になるはずだからです。検定の考え方は基本的に先ほどの場合と同じで，差の大きさを標準誤差で割ってtを求め，その値が帰無仮説にあてはまらないほど大きいかどうかを判断します。

$$t = \frac{標本における差の平均 - 母集団における差の平均}{標準誤差} \quad (6.4)$$

　なお，「ペアとなる測定値の差は0である（母集団ではペアとなる測定値同士に差はない）」という帰無仮説に基づいて計算を行う場合，「母集団にお

6.2 平均値が2つの場合の検定

ける差の平均」は0となりますので，t の式は簡略化されて次のようになります。

$$t = \frac{(標本における)差の平均 - 0}{標準誤差}$$

$$= \frac{差の平均}{標準誤差}$$

また，この場合の標準誤差は，ペアとなる測定値の**差の不偏分散**を測定値ペアの個数で割って求めます。

$$標準誤差 = \sqrt{\frac{差の不偏分散}{測定値ペアの個数}}$$

これらの式をまとめると，次のようになります。

$$t = \frac{差の平均}{\sqrt{\dfrac{差の不偏分散}{測定値ペアの個数}}} \tag{6.5}$$

得られた t の値が有意であるかどうかは「測定値ペアの個数−1」を自由度（df）とする t 分布で確かめます。算出した t の値が統計表の t の臨界値より大きければ差が有意，そうでなければ差は有意でないとみなします。

それでは，例題のデータについてみてみましょう。まず，それぞれの参加者について体重が何 kg 減少したかを計算します。ダイエット後の体重からダイエット前の体重を引いて差を求めましょう。

	ダイエット前	ダイエット後	減少量（後−前）
参加者1	62	59	−3
参加者2	59	57	−2
参加者3	61	61	0
参加者4	71	62	−9
参加者5	67	66	−1
平均値	64	61	−3

また，t の計算には減少量の不偏分散が必要です．不偏分散を求めるために，この平均値とそれぞれの参加者の減少量の差（偏差）を求めます．

	減少量	偏差
参加者1	$-3-(-3)=$	0
参加者2	$-2-(-3)=$	1
参加者3	$0-(-3)=$	3
参加者4	$-9-(-3)=$	-6
参加者5	$-1-(-3)=$	2

不偏分散は偏差2乗の合計を「偏差の個数-1」で割ったものなので，次のように求まります．

$$差の不偏分散 = \frac{0^2 + 1^2 + 3^2 + (-6)^2 + (2)^2}{5-1} = 12.5$$

したがって，統計量 t の値は次の通りとなります．

$$t = \frac{差の平均}{\sqrt{\dfrac{差の不偏分散}{測定値ペアの個数}}} = \frac{-3}{\sqrt{\dfrac{12.5}{5}}} = -1.8973...$$

算出した t の値はマイナスですが，両側確率を用いた検定ですので t の大きさはマイナスをとって絶対値で判断します．t 分布表から，自由度 $5-1=4$ で有意水準5％の t の臨界値は2.776です．算出した t の値はこれより小さいので「ダイエットの前と後で体重に差はない」という帰無仮説を否定できません（図6-3）．これぐらいの減少量であれば，誤差として生じる可能性は十分にあり得るということです．したがって，「ダイエットの前と後で体重に有意な差はない」というのが結論となります．

6.2 平均値が2つの場合の検定

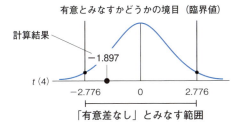

図 6-3 例題データの t による検定結果

6.2.2 対応がない場合

> 2つのクラスで期末試験の英語の平均点に差があるといえるかどうかを確かめるため，それぞれのクラスから無作為に4名ずつ生徒を選びました。この結果から，2つのクラスで英語の平均点に差があるといえるでしょうか。
>
> | A クラス | | B クラス | |
> |---|---|---|---|
> | 生徒1 | 49 | 生徒5 | 64 |
> | 生徒2 | 51 | 生徒6 | 65 |
> | 生徒3 | 44 | 生徒7 | 49 |
> | 生徒4 | 40 | 生徒8 | 54 |

2つのデータで平均値を比較するとき，ペアを作るのが可能な場合ばかりではありません。たとえば例題のデータでは，2つのクラスから無作為に4人ずつ選んでいますので，どの生徒同士をペアにするかという明白なルールがありません。

男女間の差や国際間比較をしたい場合なども同様です。どの男性とどの女性をペアにするかに明白なルールはありませんし，A国とB国でどの参加者同士をペアにするかということについてもやはり決まったルールはありません。このようなデータを対応なしのデータや繰返しなしのデータ，あるい

は**独立標本**データとよびます。

　対応なしのデータの場合には，それぞれのグループで平均値を求め，その平均値の差が0といえるかどうかについて検討することになります。帰無仮説は「両グループの平均値に差はない」で，その帰無仮説のもとでtの値を計算して検定を行います。

　対応がない2つのグループのそれぞれをA，Bとすると，このAとBの平均値の差の検定に使用するtは次の式で求められます。式の中の平均値$_A$はグループAの平均値，平均値$_B$はグループBの平均値を意味します。

$$t = \frac{(平均値_A - 平均値_B) - (母平均_A - 母平均_B)}{標準誤差}$$

　なお，「両グループの平均値に差はない（母平均の差は0）」が帰無仮説ですから，式は次のように簡略化されます。

$$t = \frac{平均値_A - 平均値_B}{標準誤差} \qquad (6.6)$$

　この式をみてわかるように，考え方そのものはすでに説明した1つの平均値の検定や対応がある場合の検定と同じです。2つのグループの平均値の差を，それが標準誤差の何倍の大きさかという形で表した値がtです。

　例題データでは，Aクラスの平均点は$(49+51+44+40) \div 4 = 46$，Bクラスの平均点は$(64+65+49+54) \div 4 = 58$で，両クラスの平均点の間には12点の差があります。そこで，この12点の差が標準誤差に比べてどれぐらい大きなものであるかを先ほどの式を用いて計算するわけですが，さてこの場合の標準誤差はどのように求めればよいでしょうか。

　この場合，標準誤差を求めるのは少々やっかいです。2つの標本データがあり，それらを総合して標準誤差を求める必要があるからです。

　まず，この場合の標準誤差を一般的な形で式に表すと次のようになります。この場合の標準誤差は，それぞれのデータで母分散の推定値を測定値の個数

で割り，それらを合計してルートを掛けたものです。言葉で説明するとややこしいですが，式をみればわかるように，A, B それぞれの標準誤差のルートの中身同士を足した形になります。

$$標準誤差 = \sqrt{\frac{母分散の推定値_A}{測定値の個数_A} + \frac{母分散の推定値_B}{測定値の個数_B}} \quad (6.7)$$

ここで，それぞれのグループの母分散の推定値をどのように考えるかによって，この後の計算方法が2種類に分かれます。

1. 2つの分散が等しいと仮定する場合

帰無仮説は「両グループの母平均は同じ」ですが，両母集団で平均が同じならば，データの分布そのものも同じであるという可能性があり得ます。そこで，2つの母集団で母分散も同じだと仮定すると，(6.7) 式の**母分散の推定値**はどちらも同じものを指していることになりますので，この式は次のように変形されます。

$$\begin{aligned}標準誤差 &= \sqrt{\frac{母分散の推定値}{測定値の個数_A} + \frac{母分散の推定値}{測定値の個数_B}} \\ &= \sqrt{母分散の推定値} \times \sqrt{\frac{1}{測定値の個数_A} + \frac{1}{測定値の個数_B}}\end{aligned}$$

この場合，母分散の推定値は A と B それぞれで求めた偏差2乗の合計を用いて次のように求めます。

$$母分散の推定値 = \frac{偏差_A^2 の合計 + 偏差_B^2 の合計}{測定値の個数_A + 測定値の個数_B - 2}$$

不偏分散は，測定値の偏差2乗の合計を「測定値の個数 -1」という自由度で割って求めた値でした。ここでは A と B の2つのデータがありますので，それぞれのデータで偏差の2乗を求め，それらを合計しています。また，分母の「測定値の個数$_A$ + 測定値の個数$_B$ -2」もそれぞれのデータの「測定値の個数 -1」という自由度を合計したもので，「測定値の個数$_A$ -1 + 測定値

の個数$_B$−1」ということです。これらのことから，この母分散の推定値は2つのデータの不偏分散を合成したものであるということがわかります。

これらを1つにまとめると，t の式は次のようになります。式をみやすくするために，ここではA，Bの測定値の個数をそれぞれ n_A, n_B と表しています。

$$t = \frac{\text{平均値}_A - \text{平均値}_B}{\sqrt{\dfrac{\text{偏差}^2_A\text{の合計} + \text{偏差}^2_B\text{の合計}}{n_A + n_B - 2}} \times \sqrt{\dfrac{1}{n_A} + \dfrac{1}{n_B}}} \tag{6.8}$$

検定に使用する t の自由度（df）は，母分散の推定値を求めたときと同じで「測定値の個数$_A$＋測定値の個数$_B$−2」です。このように，2つのグループで分散が等しいと仮定する検定方法は**ステューデント（Student）の検定**とよばれます。

では，例題のデータで t を計算してみましょう。t を計算するためには，それぞれのクラスの平均値の他に，それぞれのクラスの偏差2乗の合計が必要です。Aクラスの平均点は46点ですから，偏差2乗の合計は $3^2 + 5^2 + (-2)^2 + (-6)^2 = 74$，Bクラスの平均点は58点で，偏差2乗の合計は $6^2 + 7^2 + (-9)^2 + (-4)^2 = 182$ です。これらの値を式に代入すると，t の値は次のように求まります。

$$t = \frac{\text{平均値}_A - \text{平均値}_B}{\sqrt{\dfrac{\text{偏差}^2_A\text{の合計} + \text{偏差}^2_B\text{の合計}}{n_A + n_B - 2}} \times \sqrt{\dfrac{1}{n_A} + \dfrac{1}{n_B}}}$$

$$= \frac{46 - 58}{\sqrt{\dfrac{74 + 182}{4 + 4 - 2}} \times \sqrt{\dfrac{1}{4} + \dfrac{1}{4}}} = -2.5980...$$

AクラスとBクラスでどちらの点数が高い場合もあり得ますので，t の値について両側確率で有意かどうかを判断します。自由度（df）は，測定値の個数$_A$＋測定値の個数$_B$−2＝4＋4−2＝6で，自由度6で有意水準5％の t の臨界値は2.447です。計算結果の t の値（の絶対値）はこれより大きな値で

すので，帰無仮説は棄却され，「両クラスの平均値には有意な差がある」という結論になります（図6-4）。

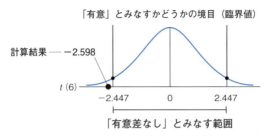

図6-4 ステューデントの検定による検定結果

2. 2つの分散が等しいとは仮定しない場合

ステューデントの検定では（6.7）式における両グループの母分散の推定値は同じ値だと仮定して計算を進めました。しかし実際のところ，両方のグループで母分散が同じであるという保証はどこにもありません。そこで，両グループの母分散の推定値が同じものであるとは仮定せずに計算を行うのが**ウェルチ（Welch）の検定**とよばれる方法です。ウェルチの検定では，それぞれの母分散の推定値にはそれぞれのグループで算出した不偏分散を使用します。つまり，標準誤差の式は次のようになります。

$$標準誤差 = \sqrt{\frac{不偏分散_A}{測定値の個数_A} + \frac{不偏分散_B}{測定値の個数_B}}$$

そのため，t の式は次のようになります。

$$t = \frac{平均値_A - 平均値_B}{\sqrt{\frac{不偏分散_A}{測定値の個数_A} + \frac{不偏分散_B}{測定値の個数_B}}}$$

先ほどのステューデントの検定の式（(6.8)式）よりもずっと簡単にみえますが，この場合は自由度の式が複雑になります。式がみづらくなるので，ここでも測定値の個数はそれぞれ n_A，n_B で表してあります。なお，ウェル

チの検定では自由度が小数点を含む値になることがあります。

$$自由度\ (df) = \frac{\left(\dfrac{不偏分散_A}{n_A} + \dfrac{不偏分散_B}{n_B}\right)^2}{\dfrac{不偏分散_A^2}{n_A^2 \times (n_A-1)} + \dfrac{不偏分散_B^2}{n_B^2 \times (n_B-1)}}$$

それでは，今度はウェルチの検定で例題データを検定してみましょう。t を算出するためには，両クラスの平均値の他に両クラスの不偏分散が必要です。不偏分散は偏差2乗の合計を自由度で割ったものですが，先ほどステューデントの検定のところで偏差2乗の合計を求めましたので，それを利用して不偏分散を計算しましょう。

Aクラスの偏差2乗の合計は74，Bクラスの偏差2乗の合計は182ですので，不偏分散はそれぞれAクラスが $74 \div (4-1) = 24.6666...$，Bクラスが $182 \div (4-1) = 60.6666...$ となります。計算を単純にするために，ここではそれぞれ四捨五入して24.67，60.67とします。

各クラスの平均値と不偏分散を式に代入すると，t の値は次のように求まります。

$$t = \frac{平均値_A - 平均値_B}{\sqrt{\dfrac{不偏分散_A}{測定値の個数_A} + \dfrac{不偏分散_B}{測定値の個数_B}}} = \frac{46 - 58}{\sqrt{\dfrac{24.67}{4} + \dfrac{60.67}{4}}} = -2.5979...$$

また，自由度 (df) は次のようになります。

$$自由度\ (df) = \frac{\left(\dfrac{不偏分散_A}{n_A} + \dfrac{不偏分散_B}{n_B}\right)^2}{\dfrac{不偏分散_A^2}{n_A^2 \times (n_A-1)} + \dfrac{不偏分散_B^2}{n_B^2 \times (n_B-1)}}$$

$$= \frac{\left(\dfrac{24.67}{4} + \dfrac{60.67}{4}\right)^2}{\dfrac{24.67^2}{4^2 \times (4-1)} + \dfrac{60.67^2}{4^2 \times (4-1)}} = 5.0935...$$

自由度は5.09と小数点を含む値になりましたが，統計表には小数点を含

んだ自由度の場合については記載されていませんので，小数点以下を切り捨てて自由度5で有意水準5%のtの臨界値を求めることにします。

統計表から求めたtの臨界値は2.571で，算出したtの絶対値は2.5979ですから，算出したtの値のほうが大きく，帰無仮説は棄却されます。その結果，ウェルチの検定でも「両クラスの平均値には有意な差がある」が結論となります（図6-5）。

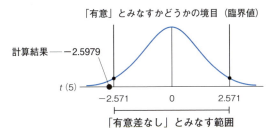

図6-5　ウェルチの検定による検定結果

3. どちらの方法を使うべきか

対応がない2つの平均値の差の検定にはステューデントの検定とウェルチの検定がありますが，どちらを使用すればよいのでしょうか。一般的には，どちらかというとステューデントの検定のほうが好まれる傾向があります。

ただし，ステューデントの検定は両グループの分散が等しいことを前提にしていますので，両方のグループで分散が大きく異なっている場合には正しく計算できない可能性があります。そこで，ステューデントの検定を用いる場合にはまず両グループで分散が極端に異ならないこと（分散の等質性）をFという統計量を用いて検定し，そのうえでtを行うという手順がよく用いられます。そしてこの分散の等質性の検定結果が有意であった場合（分散が大きく異なるという結果であった場合）のみ，ウェルチの検定が用いられるのです。

主要な統計ソフトの多くも，対応がないデータのt検定を行ったときには分散の等質性についてのFの計算結果と，ステューデントのt，ウェルチの

t の計算結果を出力します。この場合，まず F が有意かどうかをみて，その結果によってステューデントの t 検定の結果をみるか，ウェルチの t 検定の結果をみるかを選択するというのが一般的な手順です。

しかし，このような方法はあくまで慣習的なものであって，この方法が絶対的な正解というわけではありません。近年では，分散が等しいかどうかの検定をせずに最初からウェルチの検定を行うことも増えてきているようです。なぜなら，ウェルチの検定では2つのグループで分散が同じかどうかについてとくに仮定が設けられておらず，分散が等しい場合にもそうでない場合にも使用できると考えられるからです。

なお，この2つの検定は論文中ではどちらも t 検定とだけ書かれていることがほとんどです。そのため，ステューデントの検定が使われたのかウェルチの検定が使われたのかは少しみただけでは区別がつきません。ただし，数値の見方や解釈の方法はどちらも同じですので，論文を読むうえでは区別できなくてもとくに問題はないでしょう。

ポイント

- t 検定は，平均値の差が基準より大きいといえるかどうかをみる。
- t の値は，標準誤差を基準とした差の大きさを表す。
- 対応がある場合とない場合で計算方法が異なる。
- 対応がない場合の検定方法にはステューデントの検定とウェルチの検定の2種類がある。

7 分散分析

　前章で説明した t 検定は 2 つの平均値の間に差があるかどうかを検定するものなので，グループが 3 つ以上ある場合には使用できません。その場合でも 3 つのグループから 2 グループずつ取り出して検定すればよいのではないかと思う人もいるかもしれませんが，それでは実際には差がないのに差があると判断してしまう第 1 種の誤り（第 5 章 5.3.2 参照）の生じる可能性が高くなってしまいます。

　たとえば，当たる確率が 1/3 のくじを 2 回引いた場合，その 2 回のうち少なくとも 1 回で当たりが出る確率は（1 − 2 回連続ではずれる確率 = 1 − (2/3×2/3) = 0.5555...）であり，1 回だけ引いて当たる確率（1/3 = 0.3333...）より大きくなります。同様に，有意水準 5% の検定を何度も繰り返せば，全体の有意水準は 5% より大きくなってしまうのです。

　そこで，平均値の差を検討したいグループが 3 つ以上ある場合には，分散分析（ANOVA；Analysis of Variance）とよばれる分析手法が用いられます。なお，分散分析でも 2 つの平均値の検定を行うことはできますが，比較する平均値が 2 つしかない場合には分散分析ではなく t 検定を用いるのが一般的です。

　また，分散分析では，たとえば性別による差と年齢による差を同時に検討したいというように，複数の要素を組み合わせて検定することもできます。この「性別」や「年齢」など，分析に使用される要素は要因とよばれ，分析で扱う要因がいくつあるかによって 1 要因分散分析や 2 要因分散分析などとよび分けられます。分散分析に用いる要因の数はいくつであっても検定自体は可能ですが，要因数が多すぎると結果の理解が困難になるため，現実的には 3 要因程度が限度でしょう。

なお，分散分析は実験データの分析によく用いられる方法です。実験では，測定値に影響を与える原因として実験者が設定する条件を**独立変数**，その設定した条件で測定される値を**従属変数**とよびますが，分散分析の要因は**独立変数**，実際に測定値される値は**従属変数**にあたります。

7.1 1要因分散分析

A，B，Cの3つの学校からそれぞれ無作為に4名の生徒を選び出し，ある値について測定した結果が次の表です。3校の平均値を比較すると，一番得点が高いAと一番低いBで平均値の差が5点あります。また，AとCの平均値には4点，BとCの平均値には1点の差があります。これらの結果から，3つの学校の間で平均値に差があるといえるでしょうか。

	A	B	C
	8	3	4
	10	4	4
	9	4	6
	9	5	6
平均	9	4	5

たとえば，上級者，中級者，初心者の3グループで課題得点の平均値を比較するというような場合，この「上級者，中級者，初心者」というグループは「熟達度」の**レベル**（**水準**）の違いを表しているといえます。同様に，例題データではA，B，Cの3つの学校での比較ですが，これは学校という1つの要因の中にA，B，Cの3つの水準が存在すると考えることができます。このように，1つの要因についてその水準間の平均値の差を検討する場合に用いられるのが1要因分散分析です。1要因分散分析は**1元配置分散分析**とよばれることもあります。t検定の場合と同じように，分散分析にも対応が

7.1　1要因分散分析

ある場合とない場合の検定方法がありますが，本書では対応がない場合だけを扱うことにします。

分散分析では，t 検定とは違ったアプローチで平均値の検定を行います。t 検定では平均値の差が標準誤差の何倍の大きさであるかを計算しますが，分散分析では各水準の平均値のばらつき（分散）が誤差によるばらつき（分散）の何倍あるかを計算するのです。

例題データの場合，分散分析の帰無仮説は「すべての学校で平均値に差はない」です。もし，それぞれの学校で平均値に差がないのであれば，すべての学校で平均値は同じ値になります。しかし，学校によって平均値が異なる場合には，学校ごとの平均値にばらつきが生じます。3つの学校で平均値に差があれば平均値がばらつき，平均値に差がなければ平均値はばらつかないわけですから，A，B，C各校の平均値のばらつきをみれば平均値の差が大きいかどうかがわかります（図 7-1）。

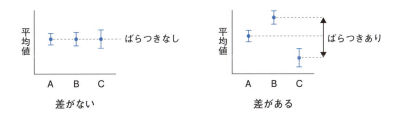

図 7-1　水準間で平均値に差があれば，平均値のばらつきが大きくなる

しかし，ばらつきの大きさを判断するためにはそのための基準が必要です。仮に学校間の平均値のばらつきが5であったとしても，それだけではばらつきが大きいのかどうかはわかりません。もし，生徒ごとの測定値のばらつきが100や200であったとすれば，5というばらつきは大きいとはいえないでしょう。そこで分散分析では，要因（学校の違い）以外の影響によるばらつきを基準として，学校間の平均値のばらつきがどの程度大きいかを判断します。

このように，分散分析では各測定値のばらつきを要因（学校）による影響

とそれ以外の影響に分解して考えます．要因による影響は主効果，それ以外の影響は誤差や残差とよばれます．また，ばらつきの指標には分散を使用します．この分析手法が分散分析とよばれるのはそのためです．

それでは，例題データの分析に移りましょう．まずは，学校の違い（主効果）が測定値にどれだけ影響しているかを考えてみます．帰無仮説は「すべての学校で平均値に差はない」ですので，A，B，Cの3校で平均値が同じ値であると仮定します．そこで，3校の平均値を代表する値として3校（データ全体）の平均値（6）を用いることにします．

3校の実際の平均値はそれぞれ6から少しずつずれているわけですが，帰無仮説が正しいならば，これらのずれは母集団から標本を取り出したときに偶然生じたものということになります．3校それぞれの平均値を，全体の平均値からのずれ（偏差）という形で表すと図7-2のようになります．

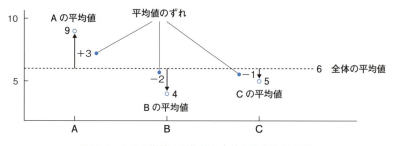

図7-2　3つの学校の平均値と全体の平均値の偏差

次に，学校という要因以外の影響による測定値のばらつきを考えます．ここでも先ほどと同様の考え方を用います．つまり，もし学校という要因以外の影響がまったくないのであれば，それぞれの学校で各生徒の測定値はすべて同じ値になるはずです．そこで，今度は各生徒の測定値をその生徒が所属する学校の平均値からの偏差という形で表してみます（図7-3）．

このようにしてみると，それぞれの測定値はすべて次の形で表せることがわかります．

7.1　1要因分散分析

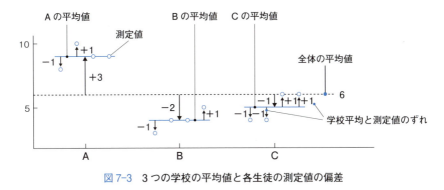

図7-3　3つの学校の平均値と各生徒の測定値の偏差

$$測定値 = 全体平均 + (学校平均 - 全体平均) + (測定値 - 学校平均)$$

「学校」の偏差 ＝ 主効果

「生徒」の偏差 ＝ 誤差

　この式の「学校平均－全体平均」は学校の違いによる平均値のずれ（偏差）の大きさで，学校という要因による影響（主効果）の大きさを表しています。また，「測定値－学校平均」の部分は，「学校」という要因以外の影響によるずれ（偏差）で，これは誤差の大きさということになります。例題の各測定値をこの式の形で表したものが図7-4です。

　主効果と誤差の大きさを比較するためには，測定値の主効果と誤差の部分をそれぞれ1つにまとめる必要があります。そこで，不偏分散を求める場合と同様に，それぞれの偏差を2乗して合計し，自由度で割って分散を求めます。

　まず，主効果の偏差2乗の合計は，A，B，Cでそれぞれ4個ずつ偏差がありますので $(3^2 \times 4 + (-2)^2 \times 4 + (-1)^2 \times 4) = 56$，誤差の偏差2乗の合計は $((-1)^2 + 1^2 + 0^2 + 0^2) + ((-1)^2 + 0^2 + 0^2 + 1^2) + ((-1)^2 + (-1)^2 + 1^2 + 1^2) = 8$ です。

　次に自由度ですが，主効果の分散を求める場合には「要因の水準数－1」

学校	測定値		全体平均	学校	生徒
A	8	=	6	+3	−1
	10	=	6	+3	+1
	9	=	6	+3	+0
	9	=	6	+3	+0
B	3	=	6	−2	−1
	4	=	6	−2	+0
	4	=	6	−2	+0
	5	=	6	−2	+1
C	4	=	6	−1	−1
	4	=	6	−1	−1
	6	=	6	−1	+1
	6	=	6	−1	+1
				主効果	誤差

図7-4　各測定値から主効果と誤差を切り分ける

を自由度として用います。また，誤差の分散を求める場合には，自由度として「測定値の総数−要因の水準数」を使用します。したがって，主効果の自由度は 3−1＝2，誤差の自由度は 12−3＝9 となります。これらの自由度を使って分散を求めると，主効果の分散は 56÷2＝28，誤差の分散は 8÷9＝0.8888...≒0.89 です。

さて，主効果の分散は誤差の分散に比べてどれぐらい大きいでしょうか。主効果の分散を誤差の分散で割り，主効果の分散が誤差の分散の何倍大きいかという形にすると 28÷0.89＝31.4606...で，主効果の分散は誤差の分散の約 31.5 倍となります。

この分散の比率（倍率）は F とよばれる値で，この値は主効果がどれだけ「はっきりみえるか」を表した数値と考えることができます。主効果が誤差に比べて大きければ，それだけ主効果の影響をはっきりみることができま

す。しかし，誤差に対して主効果が小さなものであれば，その影響をはっきりみることはできません（図7-5）。

ノイズ（誤差）があっても
画像がはっきりよくみえる

$F = 大$

鮮明度が高い（主効果が大きい）

ノイズ（誤差）に隠れて
画像がよくみえない

$F = 小$

鮮明度が低い（主効果が小さい）

図7-5　誤差に比べて十分大きければ，主効果をはっきりみることができる

　F分布では比率を求めた2つの分散それぞれの自由度によって分布の形が決まります。Fの臨界値を求める場合には，統計表の「分子df」には主効果の自由度，「分母df」には誤差の自由度をそれぞれ使用します。例題データでは，分子の自由度は2，分母の自由度は9です（表7-1）。なお，Fの値は比率ですのでマイナスになることはありません。また，分散分析では主効果の分散（分子）が誤差の分散（分母）に比べてどれだけ大きいかということだけに関心があるので，**片側確率**を使用して検定します。本書の付表に示されているFの値は，片側確率での有意水準5%の臨界値です。

表7-1　分散分析表の例

	平方和（SS）	自由度（df）	平均平方（MS）	F
主効果（学校）	56	2	28.00	31.46
誤差	8	9	0.89	
全体	64	11		

さて，自由度 2 と 9 における 5% 水準の F の臨界値は 4.256 で，計算結果の 31.46 はこの臨界値よりも大きな値でした．つまり，「すべての学校で平均値に差がない」という帰無仮説のもとで，主効果の分散が誤差の分散の 31.46 倍になるような確率はごくわずかということになりますので，帰無仮説は棄却され，結論は「学校によって有意に平均値が異なる」ということになります（図 7-6）．ここまでの計算手順をひとまとめにしたものは，巻末の付録 1 につけてあります．

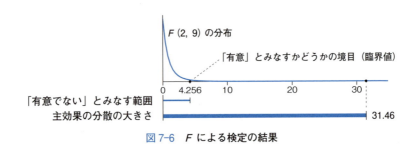

図 7-6　F による検定の結果

なお，各測定値の全体平均からの偏差 2 乗の合計は，主効果の偏差 2 乗の合計と誤差の偏差 2 乗の合計を足した値と同じになります．また，測定値全体の自由度は「測定値の総数 − 1」です．測定値全体の偏差 2 乗の合計を測定値全体の自由度で割れば，測定値全体の不偏分散を求めるのと同じことになります．こうしたことからも，分散分析では全体の分散を主効果の分散と誤差の分散に分解して比較しているということがわかるでしょう．

分散分析の計算過程で得られる各数値は，しばしば表 7-1 のような分散分析表にまとめられます．ここまでの説明の中では主効果や誤差の偏差 2 乗の合計を自由度で割ったものを「分散」と書いてきましたが，分散分析では一般的にこれらの値のことを「平均平方（MS）」とよびます．また，表の中の「平方和（SS）」は偏差の 2 乗を合計した値のことです．

分散分析表に記入されている値は，互いに次のような関係にあります．

	平方和（SS）		自由度（df）		平均平方（MS）	F
主効果（学校）	56	÷	2	=	28.00（÷0.89＝）	31.46
	＋		＋			
誤差	8	÷	9	=	0.89	
	‖		‖			
全体	64		11			

7.2 多重比較

　分散分析の帰無仮説は「すべての水準で平均値に差はない」です。分散分析の結果が有意であったとしても，それで否定されるのは「すべての水準で平均値に差はない」ということだけですので，分散分析の結果だけでは「少なくともどこかの水準間で平均値に有意な差がある」ということしかいえません。どの水準とどの水準の平均値に差があるのかまではわからないのです。

　例題データでは学校の主効果が有意でしたが，分散分析だけではA，B，Cの3校で平均値が同じではないということはわかっても，どの学校間に差があるのかまではわかりません。そのため，1つの要因に3つ以上の水準が含まれる場合には，どの水準とどの水準の間に有意な差があったのかを知るために多重比較とよばれる手続きがとられます。

　多重比較には非常にさまざまな方法があり，その中には要因に含まれる水準を2つずつ取り出し，すべての組合せについて総当たり式にt検定を繰返し行うようなものもあります。ただし，そのままでは検定全体の有意水準が5％を超えてしまいますので，そのような総当たり式の方法を用いる場合には，検定1回あたりの有意水準を厳しめに設定することによって，分析全体の有意水準が5％を超えないように調節します。

　有意水準を調節する方法の代表的なものとしては，ボンフェローニ（Bonferroni）法があります。ボンフェローニ法では，繰り返して同じ検定をする場合に，一つひとつの検定の有意水準を，検定全体の有意水準を検定

回数で割った値に設定して有意かどうかを判断します。たとえば3つの学校から2つの学校を取り出す組合せは「A–B」「A–C」「B–C」の3通りですが，この3通りについて有意水準5%で検定したいなら，検定1回あたりの有意水準を $0.05 \div 3 = 0.0166...$ で 1.67% とするのです。

　残念ながら，本書には有意水準5%以外の t の表はつけてありませんのでここで実際に計算して試してみることはできませんが，ボンフェローニ法は非常に汎用的な方法で，分散分析後の多重比較に限らずさまざまな場面で用いられています。ただしこの方法では，組合せの数が多くなると有意水準が厳しくなりすぎてしまう（差を検出しにくい）という欠点があります。

　分散分析後の多重比較としてもっとも一般的に使用されているのはテューキー（Tukey）のHSD法[1]，あるいはテューキー=クレイマー（Tukey-Kramer）法とよばれる方法です。

　テューキーのHSD法では，ステューデント化された範囲（q）という値を使用して検定を行います。この q の算出には分散分析で算出した誤差の分散が必要なため，まず分散分析を行わないことには多重比較ができません。ステューデント化された範囲（q）の算出式は（7.1）式の通りです。

$$\text{ステューデント化された範囲}(q) = \frac{\text{平均値}_{大} - \text{平均値}_{小}}{\sqrt{\dfrac{\text{誤差の分散}}{\text{水準に含まれる測定値の個数}}}} \quad (7.1)$$

　式の中の「平均値$_{大}$」には比較する2つの平均値のうち値がより大きなもの，「平均値$_{小}$」にはより値の小さな平均値を代入します。なお，この式では「水準に含まれる測定値の個数」はそれぞれの水準で等しいことを前提としています。測定値の個数が異なる水準同士を比較する場合には，測定値の個数の調和平均を用いて計算しますが，その方法についてはここでは省略します。

---

[1] HSDはHonestly Significant Differenceの頭文字で，直訳すると「誠実な有意差」や「正直な有意差」という意味になります。

(7.1) 式は t 検定の式とよく似ていますが，分母となる標準誤差の部分が通常の t 検定とは異なっており，これによって多重比較を行っても検定全体の有意水準が上昇しないように調節されています。

それでは例題データでテューキーの HSD 法による多重比較を行ってみましょう。「A-B」「A-C」「B-C」それぞれの組合せにおける q の値は次のようになります。

$$q_{A\text{-}B} = \frac{9-4}{\sqrt{0.89 \div 4}} = 10.5999\ldots$$

$$q_{A\text{-}C} = \frac{9-5}{\sqrt{0.89 \div 4}} = 8.4799\ldots$$

$$q_{B\text{-}C} = \frac{5-4}{\sqrt{0.89 \div 4}} = 2.1199\ldots$$

有意水準5%の q の臨界値の表は巻末につけてありますので，それを利用してこれらの差が有意かどうかを判断します。q の臨界値を求めるには，要因に含まれる水準の数と分散分析の誤差の自由度（df）が必要です。例題データでは水準数は3，誤差の自由度（df）は9ですので，5%水準の q の値は3.948です。

例題データの各水準間で算出した q の値が3.948より大きく差が有意といえるのは「A-B」の10.60と「A-C」の8.48です。「B-C」では q が3.948より小さいので差が有意とはみなせません。これらの結果を総合すると，学校Aの平均点は学校BやCと比べて有意に高く，学校BとCの間には有意な差がないということになります。

検定の結果がわかりやすいように，各学校の平均値と標準偏差をグラフに示してみましょう。平均値に有意な差がみられた水準間は「＊」で示してあります（図7-7）。

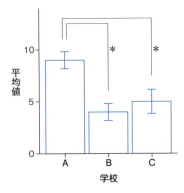

図 7-7 　3 つの学校の測定値の平均と標準偏差

7.3 　2 要因分散分析

> ある幼稚園の年少クラスと年長クラスで，自由時間に一緒に遊んでいる子供の人数を男児と女児のそれぞれで測定した結果が次の表です。この結果から，年齢や性別によって，一緒に遊ぶ子供の人数に違いがあるといえるでしょうか。
>
> | | 年少 | | 年長 | |
> | --- | --- | --- | --- | --- |
> | | 男児 | 女児 | 男児 | 女児 |
> | | 1 | 6 | 8 | 7 |
> | | 2 | 7 | 5 | 8 |
> | | 4 | 8 | 7 | 4 |
> | | 1 | 5 | 6 | 9 |
> | | 2 | 4 | 4 | 7 |
> | 平均 | 2 | 6 | 6 | 7 |

年齢差と男女差というように，2 つの要因を同時に扱う分散分析は **2 要因分散分析** あるいは **2 元配置分散分析** とよばれます。2 要因の分散分析では，

7.3 2要因分散分析

2つの要因のいずれにも対応がない場合，2つの要因のうち1つに対応がある場合，2つの要因ともに対応がある場合の3通りのケースがあり得ます。ここでは，2つの要因いずれにも対応がない場合についてのみ取り上げます。

2要因分散分析では1要因分散分析よりも要因の数が1つ増えますが，測定値の分散を主効果や誤差の分散に分割してとらえるという基本的な考え方は変わりません。AとBという2つの要因を用いた2要因分散分析では，測定値は次のように分解されます。

$$測定値 = 全体平均 + 主効果_A + 主効果_B + 交互作用_{A \times B} + 誤差 \quad (7.2)$$

では，例題データの各測定値をこの式の形に分解していきましょう。そのためにまず，例題データ全体の平均値を求めます。すべての測定値を合計してデータ数で割ると，全体の平均値は 5.25 と求まります。

次に，学年の違いによる影響を計算します。年少・年長それぞれで測定値の平均値を求めましょう。それぞれの平均値は次のようになります。

$$年少児の平均値 = \frac{1+2+4+1+2+6+7+8+5+4}{10} = 4$$

$$年長児の平均値 = \frac{8+5+7+6+4+7+8+4+9+7}{10} = 6.5$$

そしてこの結果から，年少児の平均値は全体平均よりも 1.25 人少なく，年長児の平均値は全体平均より 1.25 人多いというように，各年齢水準の平均値と全体平均の偏差が求まります。

性別についても同様の手順で計算してみましょう。

$$男児の平均値 = \frac{1+2+4+1+2+8+5+7+6+4}{10} = 4$$

$$女児の平均値 = \frac{6+7+8+5+4+7+8+4+9+7}{10} = 6.5$$

男児の平均値は4，女児の平均値は6.5ですので，全体平均より男児の平均値は 1.25 人少なく，女児の平均値は 1.25 人多いということがわかります。

このように，主効果の数が1つから2つに増えた分だけ計算すべき平均値の数は増えますが，ここまでの手順は基本的に1要因分散分析の場合と同じです。

2要因以上の分散分析の場合には，複数の要因間の**交互作用**についても考えなくてはなりません。たとえば，例題データでは年齢と性別という2つの要因がありますが，年少児では男女で差がみられないのに年長児では男女に差があるというように，年齢と性別の組合せによって平均値の差に違いがあるかもしれません。このような複数の要因の組合せ効果のことを交互作用とよびます。

では，この交互作用の影響はどのように計算すればよいのでしょうか。それにはまず，年齢と性別の組合せでできる4つのグループ（年少男児，年少女児，年長男児，年長女児）それぞれの平均値と全体平均の偏差を求める必要があります。

$$年少男児 = 2 - 5.25 = -3.25$$
$$年少女児 = 6 - 5.25 = 0.75$$
$$年長男児 = 6 - 5.25 = 0.75$$
$$年長女児 = 7 - 5.25 = 1.75$$

このようにして求めたそれぞれの偏差の値は，年齢と性別の両方の要因による影響を受けています。たとえば，「年少男児の平均値」には，「年少」という年齢の要因と「男児」という性別の要因の両方が関係しているからです。そのため，単純に考えれば，年少男児の平均値の偏差は年少児の偏差と男児の偏差を合計したものになるはずです。しかし，年少男児の全体平均からの偏差は-3.25で，年少児の偏差（-1.25）と男児の偏差（-1.25）を合計した値（-2.5）から-0.75だけずれています。このずれは，年齢と性別の影響を単純に合計しただけでは説明がつかない部分で，じつはこれが2つの要因の組合せ効果である交互作用の影響なのです。

すべてのグループでそれぞれ交互作用の影響を計算すると次のようになり

ます。

$$年少男児 = -3.25 - (-1.25 + (-1.25)) = -0.75$$
$$年少女児 = 0.75 - (-1.25 + 1.25) = 0.75$$
$$年長男児 = 0.75 - (1.25 + (-1.25)) = 0.75$$
$$年長女児 = 1.75 - (1.25 + 1.25) = -0.75$$

これらの計算結果をもとに，もとの測定値を (7.2) 式の形で書き直しましょう。年長・年少の男女それぞれ最初の1人目の測定値を (7.2) 式の形で書き直すと次のようになります。なお，誤差の値は，それぞれの測定値とその値が属するグループの平均値との偏差です。

$$測定値 = \frac{全体}{平均} + 主効果_{年齢} + 主効果_{性別} + 交互作用_{年齢 \times 性別} + 誤差$$

年少男児　　$1 = 5.25 + (-1.25) + (-1.25) + (-0.75) + (-1)$
年少女児　　$6 = 5.25 + (-1.25) + 1.25 + 0.75 + 0$
年長男児　　$8 = 5.25 + 1.25 + (-1.25) + 0.75 + 2$
年長女児　　$7 = 5.25 + 1.25 + 1.25 + (-0.75) + 0$

後は，それぞれの偏差を2乗して合計します。計算過程の詳細は省略しますが，誤差の偏差2乗の合計は40になります。

$$年齢の偏差2乗の合計 = (-1.25)^2 \times 10 + 1.25^2 \times 10 = 31.25$$
$$性別の偏差2乗の合計 = (-1.25)^2 \times 10 + 1.25^2 \times 10 = 31.25$$
$$交互作用の偏差2乗の合計 = (-0.75)^2 \times 5 + 0.75^2 \times 5 + 0.75^2 \times 5$$
$$+ (-0.75)^2 \times 5 = 11.25$$
$$誤差の偏差2乗の合計 = (-1)^2 + 0^2 + \cdots + (-2)^2 + 0^2 = 40$$

主効果の自由度は，1要因分散分析のときと同じで「要因に含まれる水準の数 − 1」です。例題データでは年齢の要因も性別の要因も2水準しかありませんので，それぞれ自由度は 2 − 1 = 1 となります。また，交互作用の自由度は関係する要因の自由度を掛け合わせたものです。年齢と性別の交互作用で

あれば,「年齢の自由度×性別の自由度」が交互作用の自由度になります。例題データの場合には 1×1＝1 です。誤差の自由度は「測定値の総数－年齢の水準数×性別の水準数」で,例題データの場合には 20－2×2＝16 です。

主効果と交互作用による分散の大きさは, 1要因分散分析の場合と同様に偏差2乗の合計を自由度で割って求めます。

$$年齢の主効果の分散 = 31.25 \div 1 = 31.25$$
$$性別の主効果の分散 = 31.25 \div 1 = 31.25$$
$$交互作用の分散 = 11.25 \div 1 = 11.25$$
$$誤差の分散 = 40.00 \div 16 = 2.5$$

最後に,主効果と交互作用の分散をそれぞれ誤差の分散で割って F の値を求めます。

$$年齢の主効果 = 31.25 \div 2.5 = 12.5$$
$$性別の主効果 = 31.25 \div 2.5 = 12.5$$
$$交互作用 = 11.25 \div 2.5 = 4.5$$

ここまでの計算結果を分散分析表にまとめましょう。

	平方和（SS）	自由度（df）	平均平方（MS）	F
主効果（年齢）	31.25	1	31.25	12.50
主効果（性別）	31.25	1	31.25	12.50
交互作用（年齢×性別）	11.25	1	11.25	4.50
誤差	40.00	16	2.50	
全体	113.75	19		

分子の自由度が 1,誤差の自由度が 16 の 5％水準の F の臨界値は 4.494 ですので,年齢と性別の主効果および交互作用はいずれも有意です。ここまでの計算手順をひとまとめにしたものは,巻末の付録 1 につけてあります。

7.3.1 交互作用

　例題データの分析結果では，年齢・性別の主効果と交互作用が有意でした。年齢と性別の主効果については，それぞれ水準数が 2 つしかありませんので結果を理解するのは簡単です。年少の平均値は 4 で年長の平均値は 6.5 ですから，年少よりも年長のほうが一緒に遊ぶ子供の数が多いということになります。また性別の主効果については，男児の平均値は 4 で女児の平均値は 6.5 なので，男児よりも女児のほうが一緒に遊ぶ子供の数が有意に多いということになります。なお，2 要因以上の分散分析の場合も，水準数が 3 以上の要因で主効果が有意であった場合には，多重比較を行う必要があります。

　さて，交互作用はどのように読みとればよいのでしょうか。一番簡単な検討方法は，各グループの平均値を図示してみることです（図 7-8）。

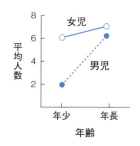

図 7-8　例題データの平均値のグラフ

　例題データでは，年少児では男児と女児で平均値に 4 人の差があったのに年長児ではその差が 1 人しかありません。つまり，一緒に遊ぶ子供の数は「年少児では男女差が大きく，年長児では男女差が小さくなる」というのが，この交互作用の意味することなのです。なお，交互作用についても詳細に検定する方法がありますが，その方法については本書では扱いません。

　ここで，交互作用についてより一般的な話をしておきましょう。最初にも少し説明したように，複数の要因が複合して測定値に影響するのが交互作用です。交互作用は，論文中では「性別と年齢による交互作用」や「性別×年

齢の交互作用」などと表現されます．この交互作用には，大別すると図7-9のような3つのタイプがあります．例題データの交互作用は，この中でいうと (a) のタイプということになるでしょう．

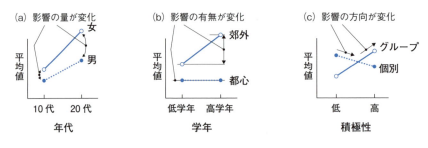

図7-9　交互作用のタイプ
(a) 複数の要因を組み合わせた場合に主効果の量が変化するタイプ．
(b) 複数の要因を組み合わせた場合に主効果の有無が変化するタイプ．
(c) 複数の要因を組み合わせた場合に主効果の方向が変化するタイプ．

また，図7-10に示すように，それぞれの要因に主効果がなくても2つの要因による交互作用が有意であるという場合もあります．

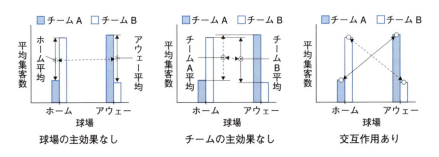

図7-10　主効果がなくても交互作用はあるという場合もある

図7-10の例の場合，それぞれの球場での試合数が同じだとするとホーム球場とアウェー球場それぞれの平均集客数は図7-10の破線の丸付近の値に

なります。この場合，ホーム球場とアウェー球場の平均集客数にはほとんど差がありません（球場の主効果なし）。同様に，Aチームの全試合の平均集客数（ホームとアウェーでの集客数の平均）とBチームの平均集客数を求めてみると，こちらも両者にほとんど差がありません（チームの主効果なし）。

ところが，チームAはホームでは集客数が少なくアウェーでは集客数が多いのに対し，チームBはホームで集客数が多くアウェーでは集客数が少ないというように，A・Bそれぞれのチームではホーム球場とアウェー球場での集客数のパターンが逆転しています（チーム×球場の交互作用あり）。

こうした交互作用は，2要因分散分析を用いて「チーム」と「球場」の2つの要因の影響を同時に分析しなければわかりません。

ポイント

- 分散分析は，要因（測定条件など）の影響が誤差に比べて大きい（はっきりしている）といえるかどうかをみる。
- F の値の大きさは，影響のはっきり具合を表す。
- 1つの要因単独による影響を主効果，複数の要因の影響が組み合わさったものを交互作用とよぶ。
- 主効果が有意であった場合は多重比較を行う。
- 交互作用（組合せ効果）には，主効果の量・有無・方向が変化する3タイプがある。

度数・比率の検定

　ここまではパラメトリックな方法による平均値の検定について説明してきました。しかし，心理統計ではパラメトリックな方法しか使用されないというわけではありません。そこで本章では，代表的なノンパラメトリック検定についてもみておくことにします。

　たとえば男女で喫煙率に違いがあるかどうかを検討したい，高校生と大学生で彼氏・彼女のいる人の数に違いがみられるかどうかを比較したいというように，度数や比率の検定を行いたい場合には**χ^2（カイ2乗）検定**とよばれる方法がよく用いられます。χ^2検定は代表的なノンパラメトリック検定の一つで，名義尺度以上のデータ，つまりすべての尺度水準のデータに適用可能です。χ^2検定が用いられる場面には，大きく分けて**適合度検定**と**独立性検定**があります。

8.1　適合度検定

> 　無作為に抽出した30人を対象にジャンケンで最初に何を出すかを調査したところ，グーが12人，チョキが8人，パーが10人という結果でした。この結果から，ジャンケンで最初に出される手に偏りがあるといえるでしょうか。

　ジャンケンにはグー，チョキ，パーの3つの手があります。理屈のうえでは，人がジャンケンで最初に出す手の確率はグー，チョキ，パーのどれも同じで1/3ずつのはずです。では，グー，チョキ，パーのそれぞれが最初に出される確率は実際にどれも同じといえるのでしょうか。このように，あら

8.1 適合度検定

かじめ期待される確率がわかっているとき，実際の測定値がその確率と一致しているといえるかどうかを確かめるのが適合度検定です。

ジャンケンで最初に出される手の確率がグー，チョキ，パーのそれぞれで1/3ずつだとすると，30人とジャンケンを行った場合，グー，チョキ，パーを最初に出す人はそれぞれ10人ずつになるはずです。このような，理論上予測される数値のことを**期待値**あるいは**期待度数**とよびます。これに対し，実際に測定して得られた結果のことを**観測値**あるいは**観測度数**とよびます。**適合度検定**では，この観測値と期待値とのずれの大きさを集計し，その大きさが基準以上であるかどうかを確かめます。

では例題データを分析してみましょう。適合度検定では「観測値と期待値の度数は同じである（ずれがない）」が帰無仮説になります。適合度検定では，観測値と期待値のずれの大きさをみるためにχ^2という値を算出します。

$$\chi^2 = \frac{(観測値 - 期待値)^2}{期待値} の合計 \tag{8.1}$$

観測値と期待値の差を2乗して合計しているのは，分散を求めるときに平均値と測定値の差を2乗して合計したのと同じ理由です。2乗することによってマイナスの値をなくしているのです。またこの式では，ずれの大きさの2乗がそれぞれ期待値に比べてどれだけ大きいかという形にして合計しています。

このχ^2の値は，塗り絵のはみ出し部分と塗り残し部分の面積を1つにまとめたものと考えるとイメージしやすいのではないかと思います（図8-1）。塗り絵の枠が期待値で，実際に塗りつぶした部分が観測値です。そして，観測値が期待値より多い部分が塗りすぎ，少ない部分が塗り残しで，値を2乗することによってその部分の面積の大きさを求めます。

ただし，もともとの枠（期待値）が大きいかどうかによって，そのずれの面積を大きいと考えるかどうかは変わりますので，ずれの面積を枠の大きさで割って枠の大きさを考慮したうえでずれの大きさを合計します。

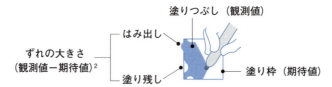

図 8-1 「観測値と期待値の差の2乗」の値は，塗り残し部分とはみ出し部分の面積のようなもの

さて，例題のデータを (8.1) 式にあてはめて χ^2 を求めると次のようになります。

$$\chi^2 = \frac{(12-10)^2}{10} + \frac{(8-10)^2}{10} + \frac{(10-10)^2}{10}$$

$$= \frac{4}{10} + \frac{4}{10} + \frac{0}{10} = 0.8$$

χ^2 の分布もまた，自由度によって形が決まります。適合度検定では「カテゴリ数 − 1」の自由度で求められる χ^2 分布を用いて検定を行います。ジャンケンの手は3種類ですので，この場合は自由度 3 − 1 = 2 の χ^2 分布を用いて判断すればよいということになります。

巻末の統計表では，自由度 2，有意水準 5% の χ^2 の臨界値は 5.991 です。計算によって求めた χ^2 の値は 0.8 で 5.991 より小さいので，帰無仮説を棄却することはできません。つまり，期待値と観測値のずれは「違う」というほどには大きくないということになり，「ジャンケンでグー，チョキ，パーのそれぞれが出される確率に有意な偏りがあるとはいえない」と判断されます（図 8-2）。

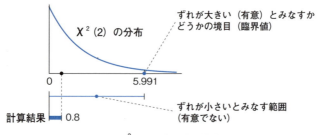

図 8-2 χ^2 による適合度の検定結果

8.2 独立性検定

次の表は，20代，40代，60代のTwitter利用者を対象とした利用状況調査の結果で，Twitterを実名で利用しているか匿名で利用しているかを年代ごとにまとめたものです[1]。年代によってTwitterの利用方法に違いはみられるでしょうか。

	実名	匿名	計
20代	18	82	100
40代	20	70	90
60代	22	28	50
計	60	180	240

[1] 総務省の平成27年のSNS利用調査データをもとに作成した仮想データです。

実験や調査によって得られたデータが想定される比率になっているかどうかではなく，例題のように年代によって匿名利用と実名利用の比率に違いがあるかどうかを調べたいという場合もあるでしょう。このように，複数の要因を用いて比率の検討をしたい場合に用いられるのが**独立性検定**です。

独立とは，2つの要因の間に関係（連関）がなく，それぞれの値や比率が別々（独立）に決まることをいいます。もし匿名で利用するかどうかが年代の影響を受けて決まっているのであれば，年代と利用方法は独立でない（関係がある）ということです。また，もし年代に関係なく匿名での利用が多い，あるいは少ないというのであれば，年代と利用方法の間は独立である（関係がない）ということになります。

適合度検定と同じく，独立性検定でも期待値と観測値のずれの大きさを集計します。ただし，適合度検定のように期待値があらかじめわかっていませんので，まずクロス表の各セル（マス目）の期待値を求めなくてはなりません。さて，期待値はどのようにして求めればよいのでしょうか。

独立性の検定では,「年代と利用方法は互いに独立である(関係がない)」という帰無仮説で検定を行います。そこで,この帰無仮説を利用して期待値を求めます。もし年代と利用方法が互いに独立である(互いに関係がない)ならば,匿名で利用する人とそうでない人の比率はすべての年代で同じになるはずですし,匿名で利用する人とそうでない人で年齢構成の比率も同じになるはずです。この前提を用いれば,各年代での匿名利用と実名利用の期待値は図 8-3 のように求めることができます。

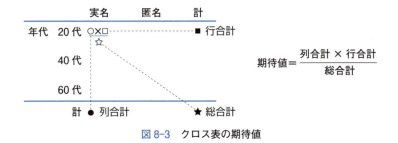

図 8-3　クロス表の期待値

実際に期待値を求めると次のようになります。

		実名	匿名	計
年代	20代	$\frac{60 \times 100}{240}=25$	$\frac{180 \times 100}{240}=75$	100
	40代	$\frac{60 \times 90}{240}=22.5$	$\frac{180 \times 90}{240}=67.5$	90
	60代	$\frac{60 \times 50}{240}=12.5$	$\frac{180 \times 50}{240}=37.5$	50
	計	60	180	240

観測値と求めた期待値を表にまとめると次のようになります。

		実名		匿名	
		観測値	期待値	観測値	期待値
年代	20代	18	25	82	75
	40代	20	22.5	70	67.5
	60代	22	12.5	28	37.5

8.2 独立性検定

後は適合度検定と同様に，観測値と期待値の差の2乗を期待値で割って合計し，χ^2を求めます。

$$\chi^2 = \frac{(観測値 - 期待値)^2}{期待値} の合計$$

$$= \frac{(18-25)^2}{25} + \frac{(20-22.5)^2}{22.5} + \frac{(22-12.5)^2}{12.5}$$

$$+ \frac{(82-75)^2}{75} + \frac{(70-67.5)^2}{67.5} + \frac{(28-37.5)^2}{37.5}$$

$$= 12.6103...$$

独立性検定では，自由度「(行数−1)×(列数−1)」のχ^2分布を用いて検定を行います。例題データの場合，行数は20代・40代・60代の3行，列数は実名・匿名の2列ですので，自由度は$(3-1)×(2-1)=2$になります。自由度2で有意水準5%のχ^2の臨界値は5.991で，算出した値は12.610ですから，臨界値よりも計算結果のほうが大きくなっています（図8-4）。つまり「年代と利用方法が独立（無関係）である」という帰無仮説のもとでこれだけ大きなずれが生じるのはまずあり得ないことだと考えられるので，帰無仮説は棄却され，「年代によってTwitterの利用方法が有意に異なる」という結論になります。

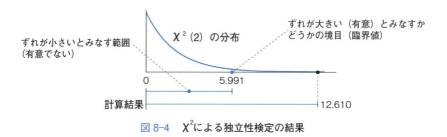

図8-4 χ^2による独立性検定の結果

なお例題データの場合には問題はありませんが，χ^2検定は測定値の個数が少ない場合に検定の精度が落ちることがわかっています。そのため，期待値の度数に1桁の数値が含まれるような場合には，イェーツ（Yates）の修

正とよばれる修正式や，フィッシャー（Fisher）の正確確率検定などの検定方法が用いられます．

8.2.1 残差分析

クロス表が2行×2列の場合にはχ^2検定だけでよいのですが，例題のような3×2のクロス表の場合や，3×3など行数・列数の多いクロス表の場合には，χ^2検定だけでわかることには限度があります．χ^2による独立性検定の帰無仮説は「それぞれの要因は互いに独立である」というものであり，「互いに独立」な場合の期待値と実際の観測値のずれの大きさを調べているだけです．そのため，帰無仮説が否定された場合に確かなのは「期待値と観測値には有意なずれがある」ということだけで，どの部分が有意にずれているのかということまではわからないのです．そこで，このようなクロス表を対象とする分析では，残差分析とよばれる方法を用いた詳細な検討が行われる場合があります．

さて，先ほど説明したように，例題データではχ^2検定の結果からだけではどの年代にどのような違いがあるのかがわかりません．どのセルの観測値が期待値から有意にずれているのかを知るために，まずは期待値と観測値の差をみてみることにしましょう．この，期待値と観測値のずれのことを残差といいます．

	実名			匿名		
	観	期	差	観	期	差
20代	18−25		=−7	82−75	=	7
40代	20−22.5		=−2.5	70−67.5	=	2.5
60代	22−12.5		= 9.5	28−37.5	=	−9.5

このようにしてみると，どうも60代で期待値からのずれが大きそうです．ただし，年代によって人数が異なりますのでそのままでは比較できません．

ここでχ^2の計算式を思い出してください．(8.1)式では，各セルの期待値

8.2 独立性検定

と観測値のずれの2乗を期待値で割ったものを合計していました。ここで合計されている値は各セルのずれの大きさを期待値を基準にして表したものなので，これらの値を使えばずれの大きさを比較できそうです。

ただし，2乗された値ではもとの数値と単位が変わってしまい，ずれの大きさが把握しにくくなります。そこで，分散にルートを掛けて標準偏差としたように，この値にルートを掛けてもとの単位に戻します。このようにして求められた値は，**標準化残差**とよばれ，式で表すと (8.2) 式のようになります。標準化残差の式は観測値と期待値の差を期待値のルートで割る形になっており，平均からの偏差を標準偏差や標準誤差で割って標準化するのとよく似ています。

$$標準化残差 = \sqrt{\frac{(観測値-期待値)^2}{期待値}} = \frac{観測値-期待値}{\sqrt{期待値}} = \frac{残差}{\sqrt{期待値}} \quad (8.2)$$

	実名	匿名
20代	$\frac{-7}{\sqrt{25}} = -1.4$	$\frac{7}{\sqrt{75}} = 0.808$
40代	$\frac{-2.5}{\sqrt{22.5}} = -0.527$	$\frac{2.5}{\sqrt{67.5}} = 0.304$
60代	$\frac{9.5}{\sqrt{12.5}} = 2.687$	$\frac{-9.5}{\sqrt{37.5}} = -1.551$

なお，この標準化残差は標準正規分布に近い分布をすることがわかっており，この標準化残差を z とみなして検定することも可能です。ただし，たとえば「60代・実名」と「60代・匿名」では，どちらも残差の絶対値は9.5で同じなのに，標準化残差はずいぶん異なる値になっています。実名か匿名かのどちらかしかないのに，この2つでずれの大きさがそれぞれ異なるのはちょっと変な感じがします。そこでこうした違いを補正するために，通常は**残差分散**とよばれる値を用いて残差を標準化する際の分母を調整します。

残差分散は次の式で求められます。

$$残差分散 = \left(1 - \frac{行合計}{総合計}\right) \times \left(1 - \frac{列合計}{総合計}\right) \tag{8.3}$$

それぞれのセルの残差分散は次の通りです。

$$20\,代\cdot実名 = \left(1 - \frac{100}{240}\right) \times \left(1 - \frac{60}{240}\right) = 0.43$$

$$20\,代\cdot匿名 = \left(1 - \frac{100}{240}\right) \times \left(1 - \frac{180}{240}\right) = 0.146$$

$$40\,代\cdot実名 = \left(1 - \frac{90}{240}\right) \times \left(1 - \frac{60}{240}\right) = 0.469$$

$$40\,代\cdot匿名 = \left(1 - \frac{90}{240}\right) \times \left(1 - \frac{180}{240}\right) = 0.156$$

$$60\,代\cdot実名 = \left(1 - \frac{50}{240}\right) \times \left(1 - \frac{60}{240}\right) = 0.594$$

$$60\,代\cdot匿名 = \left(1 - \frac{50}{240}\right) \times \left(1 - \frac{180}{240}\right) = 0.198$$

この値を，(8.2) 式の期待値に掛けて標準化残差を調整します。このようにして求めた値は**調整済み標準化残差**とよばれます。調整済み標準化残差の式は次のようになります。

$$調整済み標準化残差 = \frac{観測値 - 期待値}{\sqrt{期待値 \times 残差分散}} = \frac{残差}{\sqrt{期待値 \times 残差分散}}$$

それぞれのセルの調整済み標準化残差を計算してみましょう。

	実名	匿名
20代	$\dfrac{-7}{\sqrt{25 \times 0.438}} = -2.115$	$\dfrac{7}{\sqrt{75 \times 0.146}} = 2.115$
40代	$\dfrac{-2.5}{\sqrt{22.5 \times 0.469}} = -0.770$	$\dfrac{2.5}{\sqrt{67.5 \times 0.156}} = 0.770$
60代	$\dfrac{9.5}{\sqrt{12.5 \times 0.594}} = 3.486$	$\dfrac{-9.5}{\sqrt{37.5 \times 0.198}} = -3.486$

8.2 独立性検定

　これで，それぞれの年代の実名・匿名で残差の絶対値がそろいました。この調整済み標準化残差は，標準化残差よりもさらに標準正規分布に近づきます。両側確率で有意水準5%のzの臨界値は1.960ですので，これを基準にどの部分が有意にずれているのかを判断してみましょう。

　残差分析の結果，調整済み標準化残差の値が1.960を超えるのは20代と60代の実名・匿名で，40代はこれより小さな値になっています。また，20代では実名の調整済み標準化残差がマイナスなのに対し，60代では実名の調整済み標準化残差がプラスになっており，20代と60代ではずれの向きが反対になっていることがわかります。これらの結果を総合すると，「Twitterの利用方法は，20代では匿名利用の比率が高く，60代では実名利用の比率が高い」ということになります。

ポイント

- χ^2を用いた度数・比率の検定は，ずれの大きさが基準以上かどうかをみる。
- χ^2の値は，期待値と観測値のずれの大きさを表す。
- 独立性の検定は，2つの要因の間に関係があるといえるかどうかを確かめる。
- 「独立」とは互いに関係（連関）がないことをいう。
- どこがどうずれているのかを詳しくみるには残差分析を用いる。

9 検定結果の解釈と報告

9.1 有意検定と効果量

　ここまで，平均値の検定を中心に統計的検定の基本的な考え方についてみてきました。ここで注意してほしいのが，「差が有意である」からといって「差が大きい」というわけではないということです。すでに繰返しみてきたように，平均値の差の検定では「平均値に差はない」という帰無仮説を立てて検定を行います。「差が有意である」というのは「差がないとはいえない」ということであって，「差が大きい」ということではありません。差の検定では差の大きさまではわからないのです。統計ソフトなどを使えば有意確率（p）の値を細かく計算できますが，その際によくある勘違いが「p の値が小さければ平均値の差が大きい」と考えてしまうことです。

　t を算出する式（(6.3) 式など）をみてもらえばわかるように，t の値は差の大きさを標準誤差で割って標準化したものです。その意味では，p の値が小さいほど「標準誤差に比べて」差が大きいとはいえるのですが，標準誤差は測定値の個数が多くなるほど小さくなりますので（第 5 章 5.2.2 参照），測定値の数が多い場合には，実質的に意味がないような小さな差であっても検定結果が有意になってしまうことがあるのです。

　たとえば，その典型的な例として相関係数（r）の有意性検定があります。相関係数の有意性検定については本書では扱っていませんが，相関係数が有意かどうかについての検定もよく行われています。この相関係数の有意性検定は「母集団の相関は 0 である」という帰無仮説に基づくもので，相関の強さそのものを検定しているわけではありません。つまり「相関係数が有意である」というのは，「母集団の相関は少なくとも 0 ではない」ということな

9.1 有意検定と効果量

のです。

そのため，測定値の数が多い場合には，$r = 0.10$ というようなほとんど相関関係がないことを示す相関係数であっても，「少なくとも 0 ではない」ということで有意になってしまうことがあります[1]。いくら相関係数が有意であったとしても，$r = 0.10$ というような相関関係についてあれこれ解釈するのは無駄なことです。

これまで，心理学の研究（に限ったことではないのですが）では，ある種「p 値第一主義」や「p 値絶対主義」とでもよべるような風潮が強くありました。そのため，とにかく有意確率（p）の値を 5％（0.05）未満にしたいからと，必要以上にたくさんデータを集めるような例もあったりしたのです。

しかし，2015 年には社会心理学の国際学術誌で「p 値は使用禁止」というアナウンスがなされ，ついで 2016 年にはアメリカ統計学会から「p 値偏重に決別すべき」との声明が出されるなど，こうした風潮に対する批判的な考え方が急速に広まりつつあります。「p 値は使用禁止」というのはさすがに行きすぎだという批判もありますが，これによって p 値の使用についての関心が大きく高まったのです。

もちろん，これらの団体が唐突に「p 値は使用禁止」などと言い出したわけではありません。アメリカ心理学会（APA）が刊行する論文執筆手引きでも，以前から「影響の大きさ（差の大きさ）や関係の強さに関する指標を記すこと」が推奨されていました。あまりに p 値に偏重しすぎたこれまでの考え方から，少しずつ方向転換が図られていたのです。

こうした流れを受けて，近年の研究論文では効果量（effect size）とよばれる値を示すものが多くなってきました。そこで，これらの値がどのような意味をもっているのかについてここで少し触れておこうと思います。

---

[1] データに 400 件以上の測定値が含まれている場合，相関係数が 0.1 であっても 5％水準で有意になります。また 1,600 件以上のデータでは 0.05 というような相関係数でも有意になります。

9.1.1 効果量

効果量はもともと，メタ分析[2]を行う際にさまざまな研究間で結果を相互に比較するために使用されていた指標です。効果量にもいくつか種類があり，それらは検定手法に応じて使い分けられますが，大きく分けて「差の大きさ」を示すものと「関係の強さ」を示すものがあります。

1. コーエン（Cohen）の d

「差の大きさ」を示す効果量として代表的なものにコーエンの d という指標があります。この値は，グループ間の差の大きさを，それが標準偏差の何倍かという形で示した値です。効果量 d の一般的な式は次のようになります。

$$d = \frac{標本平均 - 母平均}{標準偏差} の絶対値 \tag{9.1}$$

見ての通り，d の式は z や t を求める式の分母を標準誤差から標準偏差に入れ替えたものです。標準誤差は測定値の個数が増えると小さくなりますが，標準偏差では標本の個数が増えるほど小さくなるということはありませんので，d の値は測定値の個数による影響を受けません（図9-1）。

なお，対応がない場合の t 検定では，2つのグループAとBの平均値の差についての d の値は次のように求められます。

$$d = \frac{(Aの平均値 - Bの平均値) の絶対値}{\sqrt{\dfrac{Aの偏差^2の合計 + Bの偏差^2の合計}{Aの測定値の個数 + Bの測定値の個数 - 2}}} \tag{9.2}$$

さて，この d の値がいくつだと「差が大きい」といえるのでしょうか。明確な決まりはありませんが，おおよその目安としてよく用いられているのが図9-2に示す基準です[3]。図9-2には，目安となる d の値とその場合の平均値のずれの大きさを例として示してあります。

---

[2] 複数の研究結果を総合して分析する手法です。「メタ」は「上位の」という意味で，複数の研究の分析結果を集めてさらに分析を行うことからこうよばれます。

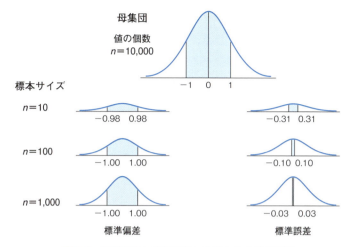

図 9-1 標準偏差と標準誤差への標本サイズの影響
平均値 0，標準偏差 1 で正規分布する $n=10{,}000$ の母集団からそれぞれ 10 個，100 個，1,000 個の値を取り出して標準偏差と標準誤差を算出した場合の数値例。標準誤差は測定値の個数（n）が増えるほど小さくなるが，標準偏差は測定値の個数によらず変わらない。

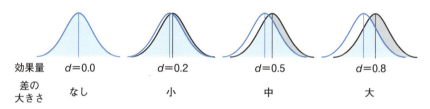

図 9-2 効果量 d と平均値の差の大きさの目安

なお，このように書くと d の値も相関係数のように 0 から 1 の範囲に収まりそうにみえますが，d はあくまでも標準偏差を基準とした差の大きさの指標ですので，1 以上になる場合もあり得ます。

2. 偏イータ 2 乗（η_p^2）

分散分析における主効果や交互作用の大きさを示す効果量としてよく用い

---

[3] 代表的な効果量やその大きさの目安は次の文献にまとめられています。
水本　篤・竹内　理（2008）．研究論文における効果量の報告のために――基礎的概念と注意点―― 英語教育研究，**31**，57-66.

られているものに偏イータ2乗（η_p^2）があります。「偏イータ2乗」に含まれているイータ（η）は相関比とよばれる値で，これは次の式で表されます。

$$相関比\ \eta = \sqrt{\frac{主効果の偏差^2の合計}{全体の偏差^2の合計}} \tag{9.3}$$

この相関比を2乗したイータ2乗（η^2）は，主効果の偏差2乗の合計を全体の偏差2乗の合計で割ったものであり，これは測定値全体のばらつきの何割を主効果で説明できるかを表した値になります。全体と主効果の偏差2乗の合計が同じ場合（つまり測定値全体の散らばりをすべて主効果で説明できる場合）にはη^2は1になり，主効果が小さいほどη^2は0に近づいていきます。このη^2の大きさについては，図9-3のような基準が目安として用いられます。

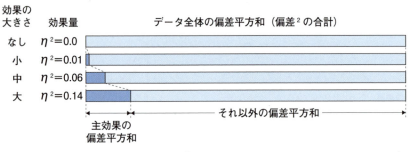

図9-3　効果量η^2と主効果の大きさの目安

ただし，そのままでは2要因以上の分析の場合に問題が生じます。要因の数が多くなるほど，一つひとつの要因の主効果が全体に占める割合は小さくなる可能性があるからです。そこで，効果量を知りたい主効果あるいは交互作用の偏差2乗の合計と，誤差の偏差2乗の合計を用いて次のようにしてイータ2乗の値を求めます。

$$\eta_p^2 = \frac{主効果の偏差^2の合計}{主効果の偏差^2の合計 + 誤差の偏差^2の合計} \tag{9.4}$$

このように，直接関係のある部分だけで求めたイータ2乗（η^2）の値が偏イータ2乗（η_p^2）です。2要因以上の分散分析の場合には交互作用の有無についても検定が行われますが，交互作用の大きさについても次のようにη_p^2を求めることができます。

$$\eta_p^2 = \frac{交互作用の偏差^2 の合計}{交互作用の偏差^2 の合計 + 誤差の偏差^2 の合計} \qquad (9.5)$$

なお，多重比較の結果については，2つの平均値の差の検定の場合と同じdや，後述するrが効果量として用いられます。

3. 関係の強さを示す効果量

関係の強さを示す効果量の代表的なものにピアソンのrがあります。これは基本的には相関係数rと同じものです。

このピアソンのrは，平均値の差の検定でも効果量として用いられることがあります。その場合，rの値は差の大きさそのものではなく，グループが異なることによる影響がどの程度大きいか，つまりグループの違いと平均値の差の関係がどの程度強いかを表します。平均値の差の効果量としてrを用いる場合には，コーエンのdを次の式でrに変換します。

$$r = \frac{d}{\sqrt{d^2 + 4}} \qquad (9.6)$$

また，次の式を用いてtからrを求める場合もあります。

$$r = \sqrt{\frac{t^2}{t^2 + 自由度}} \qquad (9.7)$$

なお，相関係数rの値の範囲は-1から1ですが，効果量の場合には0から1の範囲になります。効果量としてrを用いる場合には，関係の強さの目安として表9-1のような基準が使われます。

また，χ^2による独立性の検定のようなノンパラメトリックな検定では，

表 9-1　効果量 r の大きさの目安

d	関係の強さ
0	なし
0.1 程度	小
0.3 程度	中
0.5 程度	大

　関係（連関）の強さの指標として第3章の最後に取り上げた**クラメールの連関係数（V）**や**φ（ファイ）係数**が用いられることもあります。クラメールの連関係数は χ^2 の値が 0 から 1 の範囲に収まるように変換したもので、次の式で求められます。

$$V = \sqrt{\frac{\chi^2}{総度数 \times (行数と列数の小さいほうの数 - 1)}} \qquad (9.8)$$

　(9.8) 式の「行数と列数の小さいほうの数」には、行数と列数のどちらか小さいほうの数を使用します。たとえば 3 行×4 列のクロス表の場合は、「3（行）-1=2」です。効果量 V の大きさの目安はピアソンの r の場合と同じです。なお、2 行×2 列のクロス表の場合、効果量 V は φ 係数と同じ値になります。

9.2　検定結果の示し方

　第Ⅱ部の締めくくりとして、ここまでに扱ってきた統計的検定の結果を論文やレポートに書く場合の書き方について説明しておきます。

　統計的検定を行った場合、その結果を適切に示さなくてはなりません。検定の数が多い場合にはその結果を表にまとめて示すこともありますが、まずは文章の中に示すのが基本です。文章中に統計的検定の結果を示す場合には、使用した統計値の種類、（必要な場合は）自由度、計算結果、有意水準（または有意確率）、（より最近では）効果量がわかるように記載しなくてはなり

ません。細かな書式は論文が掲載される雑誌などによって異なりますが、一般的には図 9-4 に示す書式が用いられます。

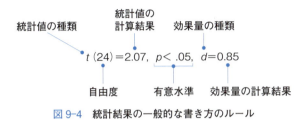

図 9-4　統計結果の一般的な書き方のルール

本書で取り上げた z による検定、t による検定、F、χ^2 の場合にはそれぞれ次のようになります（書き方はあくまでも一例です）。

$$z \text{ の場合}: z = 2.07, \quad p < .05, \quad d = 0.42$$
$$t \text{ の場合}: t(24) = 2.07, \quad p < .05, \quad d = 0.85$$
$$F \text{ の場合}: F(2, 42) = 2.07, \quad n.s., \quad \eta_p^2 = .01$$
$$\chi^2 \text{ の場合}: \chi^2(2) = 2.07, \quad n.s., \quad V = .14$$

検定に z を用いた場合には、z に自由度はありませんので自由度を記載する必要はありませんが、自由度を必要とする統計値の場合には必ず自由度を記載します。t や χ^2 では自由度は 1 つですが、分散分析など F を使用した検定では自由度が 2 つ必要ですので注意してください。F の 2 つの自由度は、先に分子（主効果）の自由度、次に分母（誤差）の自由度を書きます。

5％水準で検定して有意だった場合には、有意水準のところに「$p < .05$」と書くのが一般的です。1％の有意水準で有意であったのであれば、「$p < .01$」となります。また、$p < .05$ のように有意水準を示す書き方でなく、$p = .023$ のように計算によって求めた有意確率をそのまま書く場合もあります。

論文誌にもよりますが、確率や相関係数のように 1 を超えることのない値（基本的に 0.XXX という形になる値）を示す場合には、一般的に 1 の位の 0

を省略する書き方が用いられます。有意水準の「$p < .05$」は「$p < 0.05$」ということですので，間違って「$p < 0.5$」と書いたりしないように注意してください。

また，こうした検定結果を文章中に記載する場合は，次のように文の末尾にカッコに入れて示すのが一般的です。

> 年代によってTwitterの利用方法に違いがあるのかどうかをみるために，年代（20代・40代・60代）×利用方法（匿名・実名）の3×2のクロス集計結果に対してχ^2による独立性の検定を行った。その結果，年代とTwitterの利用方法の間に有意な関連がみられた（$\chi^2(2) = 13.82$, $p < .05$, $V = 0.24$）。さらに，残差分析の結果により，……

検定結果が有意でなかった場合，「〜の差は有意でなかった」というように，結果が有意でなかったことだけが示され，検定結果の数値までは記載されていないこともよくあります。しかし，検定結果が有意でなかったということを明示したい場合などには，有意水準のところに *n.s.* と書くのが一般的です。これは「有意でない（not significant）」の略です。

ポイント

- 「有意差」だけでは差の大きさや関係の強さはわからない。
- 測定値の個数が多くなると，わずかな差でも有意になりやすい。
- 差の大きさや関係の強さは「効果量」で示される。
- d は「差の大きさ」，r は「関係の強さ」を示す代表的な効果量である。
- 統計検定の結果の書き方には一般的なルールがある。

第III部

多変量解析
複雑な関係を解き明かす

研究領域にもよりますが，心理学では**多変量解析**とよばれる分析が多用されています。多変量解析とは，多数の変量，つまり複数種類のデータを同時に分析する手法です。

たとえば，性格に関する理論には，性格の主要素として外向性，情緒安定性，知性，協調性，勤勉性の5つの要素（性格特性）を想定するものがあります（ビッグ・ファイブ）。この理論に基づく研究では，これら複数の性格特性を測定し，分析に用います。

その場合，それぞれの性格特性の測定値を個別に分析するということはあまりありません。なぜなら，これらの性格特性は互いに関係し合っており，そうした複数の特性間の関係を考慮に入れながら分析する必要があるからです。このように，互いに関係のある複数のデータを，その関係を考慮しながら分析する手法の総称が**多変量解析**です。

多変量解析は複数のデータをひとまとまりとして扱うため，その考え方や計算方法は記述統計や平均値の検定や比率の検定などに比べて格段に複雑で，心理統計の入門書で取り扱われることはほとんどありません。しかし，いくら複雑な分析手法だからといって，多くの研究で使用されている分析手法についてまったく知らないというのでは困ります。

そこで本書では，多変量解析のうちとくに代表的なものについて，少なくとも論文に書かれている結果を理解できるようになることを目的に，基本的な解説を加えることにしました。本書で扱うのは多変量解析の中のごく一部ですが，どれも心理学の研究論文では目にする機会の多いものです。

10 回帰分析

　5組の家族（父・母・子）で手先の器用さを測定したデータがあります。このデータから，父親・母親の手先の器用さと子供の手先の器用さの間にどのような関係があるといえるでしょうか。

家族	父	母	子
1	23	20	16
2	22	17	13
3	20	16	12
4	26	20	18
5	25	19	15

　測定値の間にある程度の強さの相関関係がある場合，その関係を利用して，一方の測定値でもう一方の測定値を予測することができます。たとえば，例題データでは父親・母親の器用さと子供の器用さの関係が問題とされていますが，これらの間に相関があるならば，父親・母親の器用さ得点から子供の器用さ得点を予測することができるのです。このように，何らかのデータから別のデータを予測するために使用される分析手法に回帰分析があります。

　回帰分析では，1つあるいは複数の変数（データ）から，1つの変数（データ）を予測する式（モデル）を作成します。なお，ここでいう「変数」とは，例題でいうところの「父親の手先の器用さ」の得点や「子供の手先の器用さ」の得点を指します。第1章の最後で説明したように，実験や調査によって測定されるデータのことは，式やモデルの中では「変数」と表現されるのが一般的です。

　ところで，例題で必要とされているのは父親・母親の手先の器用さと子供

の器用さにどのような関係があるかを明らかにすることです。関係を明らかにすることと変数を予測することにどんな関係があるのでしょうか。ある値を用いて別の値を予測するには，その2つの値の関係がわかっていなければなりません。つまり，一方の値からもう一方の値を予測するということは，一方の値がもう一方の値とどのような関係にあるのかを説明することにつながるわけです。実際，心理学の研究の中では，回帰分析は予測のためというよりも，変数の間の影響関係を説明するために使用されることのほうが一般的です。

10.1　単回帰分析

　それでは，回帰分析を使って，父親と母親の手先の器用さから子供の器用さをどう予測できるのかをみていくことにしましょう。話を単純にするために，まずは父親と子供の器用さの関係にだけ注目することにします。このように，1つの変数から別の変数への影響関係を分析するものは，とくに単回帰分析とよばれます。

10.1.1　回帰式

　冒頭で説明したように，ある変数から別の変数を予測するためには，それらの変数の間に相関関係がなくてはなりません。そこで，まず父親と子供の器用さ得点の間に相関があるかどうかを最初に確かめます。図10-1は，父親の器用さ得点を横軸に，子供の器用さ得点を縦軸にとって作成した散布図です。

　散布図では測定値の点が右上がりに散らばっているので，2つの変数の間には正の相関がありそうです。第3章を参照しながら，父親と子供の得点間の相関係数を求めてみてください。相関係数 (r) は約 0.89 と求まったはずです。この相関係数が示すように，両者の間には強い正の相関があります。これなら父親の器用さ得点から子供の得点を予測できそうです。

10.1 単回帰分析

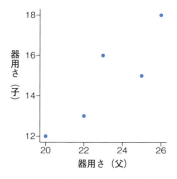

図 10-1　父親と子供の器用さ得点の散布図

さて，先ほどから何度も「予測する」といっていますが，そもそも「父親の得点から子供の得点を予測する」というのはどういうことをいうのでしょうか。統計解析では，「X から Y を予測する」というのは，「X の値を使って Y の値を求める」ことをいいます。つまり，父親の得点がわかれば，その得点を使って子供の得点を算出できるようにすることを「父親の得点から子供の得点を予測する」というのです[1]。

では，父親の得点から子供の得点を予測するにはどうすればよいでしょうか。父親の得点から子供の得点を計算できるようにするのですから，父親の得点と子供の得点の関係を式で表す必要があります。

ここでもう一度図 10-1 の散布図をよくみてみましょう。この図から，父親の得点と子供の得点の間にどのような関係が考えられるでしょうか。この散布図をみたとき，点がずいぶんまっすぐ並んでいるなと感じた人も多いのではないでしょうか。この2つのデータの間にはかなり強い正の相関関係があるので，散布図は直線に近くはっきりした右肩上がりになります。そしてこれは立派な「関係」です。

そこで，この関係を図に示してみます。2つの測定値の関係は「直線に近

---

[1] このように，X（父親の得点）で Y（子供の得点）を予測できるようにすることを「Y（子供の得点）を X（父親の得点）に回帰させる」といいます。

い」わけですから，この図の中に直線を描きいれてみましょう．ひとまず，図 10-2 のように一番左下の点と右上の点を通る直線を引いてみます．

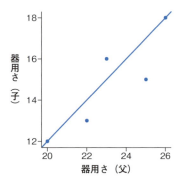

図 10-2　2 変数間の関係を直線で表す

　単純な直線なので図の中のすべての点を通ることはできませんが，回帰分析の目的はデータの中にある複雑な関係をできるだけわかりやすい形にして理解することにあります．そのため，予測式とデータを完全に一致させることよりも，データ間の関係のエッセンスをできるだけシンプルに表現することのほうが重要です．その意味で，この直線は父親と子供の得点の関係をうまく表現できているといっていいのではないでしょうか．じつは，この直線は回帰直線とよばれるもので，これが父親の得点から子供の得点を予測するための式（モデル）なのです．

　何の話をしているのだと思うかもしれませんが，この線は直線ですから，$y = ax + b$ のような 1 次式で表すことが可能です．図 10-2 の縦軸を y，横軸を x とすると，図の直線は左下の (20, 12) の点と，右上の (26, 18) の点を通るので，$y = 1 \times x - 8$ という式で表せます．x や y ではわかりにくいので，横軸と縦軸の名前を用いてこの式を書き直してみましょう．そうすると，この直線の式は「器用さ$_子$ = 1 × 器用さ$_父$ − 8」となります．つまり，父親の器用さに 1 を掛け，そこから 8 を引いたのが子供の器用さだということになり，立派に父親の得点から子供の得点を予測する形になっています．

10.1 単回帰分析

このようにして，ある変数の値から他の変数の値を予測する式を作成するのが回帰分析です。そしてこの (10.1) 式のような式は，**回帰式**あるいは**回帰モデル**とよばれます。

$$器用さ_子 = a \times 器用さ_父 + b \tag{10.1}$$

回帰分析では，この式の a の部分を**回帰係数**とよび，b の部分を**切片**や**定数項**などとよびます。また，回帰式の左側にあり，予測される側の変数（器用さ$_子$）を**目的変数**あるいは**基準変数**とよび，回帰式の右側にあり，予測に使用する変数（器用さ$_父$）を**説明変数**とよびます。

この回帰式について，もう少し身近な例でみてみましょう。たとえば，あなたがこれから1カ月間，減量目的で早朝にジョギングをすることにしたとします。そしてそれがあなたの1カ月後の体重にどのように影響するかを考えた場合，その影響はジョギング日数を説明変数とする回帰式で表すことができます。あるいは，これから1カ月間，かなりの頻度で飲み会の予定が入っていたとすると，1カ月後の体重への飲み会の影響も，飲み会日数を説明変数とする回帰式で表すことができます（**図 10-3**）。

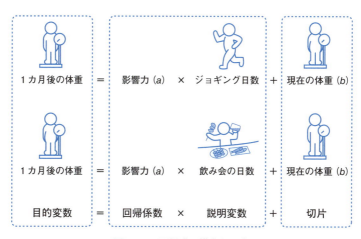

図 10-3　回帰式の構造と要素

回帰式の影響力（a）の部分（回帰係数）は，ジョギングや飲み会（説明変数）が体重（目的変数）にどのように影響するかを表す値です。ジョギングをするほど体重が増えるということはおそらくないでしょうから，ジョギングの場合には回帰係数はマイナスの値になることでしょう。しかし，連日のように飲み会が続けばおそらく体重は増えるでしょうから，飲み会の影響の場合には回帰係数はプラスの値になります。このように，回帰係数の値がプラスであるかマイナスであるかは，その説明変数が目的変数を減少させる影響をもつものなのか，それとも増加させる影響をもつものなのかという，影響の方向を表しています。

　また，もしジョギングが効果絶大で1日ジョギングをするたびに 0.2 kg（200 g）減るとすれば，回帰係数の値は −0.2 となり，これを1カ月（30日間）続ければ，−0.2×30 = −6 で 6 kg 減量できることになります。しかし，ジョギングの効果がじつはほとんどなく，1日あたりの体重減少効果が 0.01 g（10 g）だったとすると，1カ月（30日間）続けても −0.01×30 = −0.3 で 0.3 kg（300 g）の減量効果しか望めません。同様に，1回の飲み会あたり体重が 0.2 kg（200 g）増えるとすれば，回帰係数の値は +0.2 となり，30日間毎日飲み会があれば1カ月後には 6 kg の体重増加になりますが，その影響が 0.01 kg（10 g）だったとすると，30日間毎日飲み会をしても 0.3 kg しか体重は増加しません。このように，回帰係数の絶対値は，その説明変数の影響力の大きさを示します。

　そして，式の一番右端にある「現在の体重（b）」が回帰式の切片です。ジョギングや飲み会の影響によってそこから何 kg 増えたか減ったかだけでは1カ月後の体重が何 kg であるかを求めることはできないため，これらの値に現在の体重を足すことで「1カ月後の体重」という形で予測できるようにしています。つまり，切片は式全体の値を調整する役目をもちます。

　ほとんどの場合，回帰分析の関心は回帰係数にあり，切片の値はあまり重要ではありません。この1カ月後の体重予測の例でもそれは同様でしょう。多くの人にとって，今の体重が何 kg であるかということよりも，ジョギン

グや連日の飲み会によって体重が何 kg 減るか，あるいは増えるかということのほうがより重要な関心のはずです。

さて，例題データの分析に戻りましょう．先ほども説明したように，図 10-2 に示した直線の式は「器用さ$_f$＝1×器用さ$_x$－8」と表せます．ただし，この直線はとりあえず見た目で適当に引いただけですから，この直線が最適のものとは限りません．そこで，できるだけデータによくあてはまる直線を引くことを考えましょう．

まずは先ほどの回帰式（予測式）とデータのずれについてみてみることにします．図 10-2 に示した直線は，図の一番左下の点と右上の点を通るものになっています．そのため，左下の測定値と右上の測定値については式で予測される値と実際に測定された値が完全に一致していますが，それ以外の 3 つの点ではわずかですがずれが生じています．

どのように直線を引いた場合も何らかの誤差は生じますが，回帰式をデータによくあてはまるものにするには，(10.2) 式の誤差ができるだけ小さくなるような傾き（a）と切片（b）の値を求める必要があります．

$$\text{誤差} = \text{器用さ}_f\text{の測定値} - \underbrace{\text{器用さ}_f\text{の予測値}}_{a \times \text{器用さ}_x + b} \qquad (10.2)$$

また，(10.2) 式の誤差の値はデータに含まれる測定値の数だけ求まりますので，この式の誤差を最小にするには，データ全体で誤差が最小になるようにしなくてはなりません．ところが，第 2 章の分散のところ（2.2.2）でもそうだったように，誤差にはプラスの値もマイナスの値も含まれているため，そのままではうまく合計できません．

そこで，回帰分析では誤差の 2 乗の合計が最小になるように回帰係数（a）と切片（b）の値を求めます．この方法は，誤差の 2 乗の合計を最小にするところから最小 2 乗法とよばれています．

それでは誤差の 2 乗が最小になるような回帰係数と切片を考えてみましょう，といいたいところですが，ここから先は式を微分したりする必要があり

ますので，ここでは詳細は省略します。ただし，説明変数が1つしかない場合には，回帰係数（a）と切片（b）の値は次のように比較的簡単に求めることができます。

$$回帰係数_a = 器用さ_子と器用さ_父の相関係数 \times \frac{器用さ_子の標準偏差}{器用さ_父の標準偏差} \quad (10.3)$$

$$切片_b = 器用さ_子の平均値 - 回帰係数_a \times 器用さ_父の平均値 \quad (10.4)$$

例題のデータの場合，子供と父親の器用さ得点の相関係数は 0.89，子供の器用さ得点の標準偏差と父親の器用さ得点の標準偏差はどちらも 2.14 ですから，回帰係数は $0.89 \times (2.14 \div 2.14) = 0.89$ となります。また，子供の器用さの平均値は 14.8，父親の器用さの平均値は 23.2 ですから，切片の値は $14.8 - 0.89 \times 23.2 = -5.848$ です。これらの値を用いた回帰式を図に示すと図 10-4 のようになります。

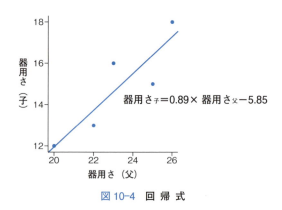

図 10-4　回帰式

この回帰式から，子供の器用さ得点は父親の器用さ得点と正の相関関係にあり，父親の器用さ得点が 1 増えるごとに子供の器用さ得点が 0.89 だけ増えるということになります。つまりこの回帰式は，「父親が器用なほど子供も器用である」という関係があることを意味しています。

10.1.2 回帰式の評価

図 10-4 に示した回帰式は予測値と測定値の誤差の 2 乗が最小になるように作成した式ですが，そのままではこの式でデータをきちんと予測できているかどうか（回帰式が説明の役に立っているかどうか）はわかりません。そこで，回帰式を作成した後は，次にあげるような方法で，その式がデータにあてはまっているかどうかを確かめます。

1. 決定係数

まず，この式による予測値が実際の測定値にどれくらい近いかをみてみることにします。予測値と測定値という 2 つのデータの類似度をみるには，この 2 つのデータ間で相関係数を計算してみるのがよいでしょう。予測値と測定値が完全に一致していれば相関係数は 1 になりますし，まったく一致していなければ 0 になります。このような考えに基づいて予測値と測定値の間で求められた相関係数は**重相関係数**（R）とよばれます。

なお，相関係数の 2 乗（r^2）は一方の測定値からもう一方の測定値の分散の何％を説明できるかを示す**決定係数**とよばれる値でした（第 3 章 3.1.2 参照）。重相関係数の場合も同様で，重相関係数を 2 乗した値（R^2）は**決定係数**とよばれ，これが回帰式のあてはまりのよさを示す指標として用いられます。決定係数（R^2）は，作成した回帰式で測定値全体の何％を説明できるかを示します。

では，作成した回帰式を使って父親の器用さ得点から子供の器用さ得点の予測値を求めてみましょう。その結果をまとめたものが表 10-1 です。ここでは，実際の子供の器用さ得点（測定値）と，回帰式による計算結果（予測値）を並べて示してあります。

表 10-1　実際の測定値と回帰式による予測値の誤差

	1	2	3	4	5
測定値	16	13	12	18	15
予測値	14.62	13.73	11.95	17.29	16.40
誤差	1.38	−0.73	0.05	0.71	−1.40

測定値と予測値の間で相関係数を計算すると，（重）相関係数（R）は 0.89 と求まります。そして決定係数（R^2）は $0.89^2 = 0.7921$ ですので，この回帰式で測定値全体の 79.2% を説明できるということになります。全体の約 8 割を説明できるのですから，回帰式はあてはまりがよいと考えていいでしょう。

なお，この重回帰分析の決定係数がいくつ以上であればよいかについては明確な基準はありません。どの程度のあてはまりが必要かということは，回帰分析の目的によっても異なります。実際に分析結果を予測に用いたいのであれば，少なくとも 0.7～0.8 程度は必要になるでしょうし，場合によっては 0.9 以上でないといけないということもあるかもしれません。しかし，影響関係を理解したり説明したりすることが目的の場合にはそこまで高くなくてもよいでしょう。ただし，決定係数があまりに低い場合（0.05 など）には，その回帰式ではデータの大部分を説明できないということですから，その分析結果にはほとんど意味がないことになります。

2. F による検定

作成した回帰式でデータを説明できているかどうかの確認方法として，F を用いた統計的検定を行うこともあります。この方法では，回帰式で説明されるデータの分散と，回帰式では説明しきれない部分（誤差）の分散を用いて，それらの分散の比について検定します。

この検定では，「この回帰式の予測力（説明力）は 0 である」という帰無仮説を用い，自由度で調整した予測値の分散と誤差の分散の比を F 分布で検定します。分散の比を F 分布で検定するというと分散分析を思い浮かべる人も多いと思います。じつは，回帰分析と分散分析はどちらも一般線形モデルとよばれる分析モデルの一つで，非常によく似た分析方法なのです。

なお，F の算出に用いる回帰式の自由度は「説明変数の数」，誤差の自由度は「（測定値の個数－1）－説明変数の数」です。回帰式（の予測値）の分散は，表 10-1 の予測値と予測値の平均値（14.798）の差を 2 乗して合計し，自由度で割れば求めることができます。また，誤差の分散は表 10-1 の誤差

10.1 単回帰分析

を2乗して合計し，自由度で割って求めることができます。

$$回帰式の分散 = \frac{(-0.178)^2 + (-1.068)^2 + (-2.848)^2 + (2.492)^2 + (1.602)^2}{1} = 18.06$$

$$誤差の分散 = \frac{(1.38)^2 + (-0.73)^2 + (0.05)^2 + (0.71)^2 + (1.40)^2}{(5-1)-1} = \frac{4.9039}{3} = 1.63$$

$$F = \frac{18.06}{1.63} = 11.079...$$

分子（回帰式）の自由度1，分母（誤差）の自由度 $5-1-1=3$ の有意水準5％の F の臨界値は10.128ですので，この回帰式の11.079という F は5％水準で有意といえます。

ただし，第9章9.1でも説明したように，検定結果が有意であった場合も「回帰式の予測力（説明力）は0である」ということが否定されるだけですので，「回帰式の予測力（説明力）は少なくとも0ではない」ということしかいえません。この回帰式でデータがどれだけうまく説明できているかを知るためには**決定係数** (R^2) をみる必要があります。

3. 回帰係数の検定

この後説明するように，実際の回帰分析では説明変数が複数ある場合がほとんどです。その場合，それぞれの説明変数が有効かどうかをみるために回帰係数の有意性検定を行うことがあります。説明変数が複数ある場合，目的変数の予測に役立たない説明変数が回帰式に含まれていることもあり得るからです。

回帰式全体の検定には分散分析と同じ F を用いましたが，一つひとつの回帰係数の検定では一般的に t を用いた検定が行われます。この検定の帰無仮説は「この回帰係数は0である（この説明変数の影響は0である）」で，各説明変数の回帰係数が標準誤差に比べて十分大きいかを検定します。ここで使用される標準誤差は，先ほど求めた誤差分散のルートです。回帰係数の検定のための t は次のように求められます。

$$t = \frac{回帰係数}{\sqrt{誤差の分散}} = \frac{0.89}{\sqrt{0.07}} = 3.3638\ldots$$

そして，この t の値を，誤差の自由度「（測定値の個数 -1）$-$ 説明変数の数」の t 分布で検定します．自由度 3 の有意水準 5％ の t の臨界値は 3.182 ですので，検定の結果は有意です．

なお，この検定も帰無仮説は「この回帰係数は 0 である」ですので，検定が有意だったからといって，その説明変数の影響力が大きいかどうかまではわかりません．その説明変数の影響がどれだけ大きいかは，回帰係数の絶対値をみて判断することになります．

10.2 重回帰分析

実際の分析場面では，1 つの説明変数から 1 つの目的変数を予測（説明）しようとすることはほとんどありません．多くの場合，1 つの目的変数を予測するのに複数の説明変数が用いられます．複数の説明変数を用いた回帰分析は，**重回帰分析**とよばれます．

先ほどは説明のために例題データのうち父親の器用さと子供の器用さの関係だけをみましたが，今度は母親のデータも加えて分析を行ってみましょう．説明変数は父親の器用さと母親の器用さの 2 つになりますが，先ほどの場合と基本的な考え方は変わりません．子供の器用さを予測する回帰式は次のような形になります．

$$器用さ_子 = a_1 \times 器用さ_父 + a_2 \times 器用さ_母 + b \qquad (10.5)$$

重回帰分析の回帰式には，父親の器用さの回帰係数（a_1）と母親の器用さの回帰係数（a_2）というように，一つひとつの説明変数に対してそれぞれ回帰係数が算出されます．それぞれの回帰係数は，説明変数個別の影響の強さや方向を示すもので**偏回帰係数**ともよばれます．この回帰式を単回帰の場合

と同様に1カ月後の体重の予測式に例えると図 10-5 のようになります。

1カ月後の体重 ＝ 影響力 (a_1)×ジョギング日数 ＋ 影響力 (a_2)×飲み会の日数 ＋ 現在の体重 (b)

目的変数 ＝ 偏回帰係数 × 説明変数 ＋ 偏回帰係数 × 説明変数 ＋ 切片

図 10-5　重回帰式

　つまり，1カ月後の体重（目的変数）の値は，ジョギング日数と飲み会日数という2つの説明変数それぞれの影響を合計したものということになります。同じように，重回帰分析では複数の説明変数の影響を合計した値として目的変数を予測（説明）します。

　さて，説明変数が複数になってくると手作業ですべての係数を求めるのは大変です。基本的な考え方は説明変数が1つの場合と同じですので，ここからは統計ソフトで算出した数値を使用しながら説明していくことにします[2]。統計ソフトによって結果の表示の仕方は異なる場合がありますが，数値そのものは基本的に同じです。授業で使用している統計ソフトがあるなら，その計算結果と見比べてみるといいでしょう。

10.2.1　重回帰分析の結果

　(10.5) 式に示した回帰式について分析したところ，表 10-2 の結果が得られました。

　表 10-2 の「推定値」の欄に示されている値が，それぞれ切片，父親の器用さの回帰係数，母親の器用さの回帰係数です。この結果を回帰式として表すと次のようになります。

---

[2] 計算には R の lm() 関数を使用しています。

表 10-2 重回帰分析結果の出力例

	推定値	標準誤差	t	p
(切片)	-8.533	8.755	-0.975	0.433
父	0.762	0.381	2.000	0.184
母	0.314	0.575	0.546	0.640

$R^2 : 0.813$　　調整済 $R^2 : 0.626$
$F(2, 2) = 4.344,\ p = 0.187$

$$器用さ_子 = 0.76 \times 器用さ_父 + 0.31 \times 器用さ_母 - 8.53 \qquad (10.6)$$

この回帰式から，子供の器用さに対する父親の器用さと母親の器用さの影響はどちらもプラスであり，父親や母親が器用であれば，子供も器用であるということがわかります。

1. 標準化回帰係数

(10.6) 式は父親の器用さと母親の器用さから子供の器用さを求めるための予測式ですが，心理学では変数間の影響関係を調べるために回帰式を使用することがほとんどで，これらの回帰式が純粋に予測のために使用されることはあまりありません。変数間の影響関係を吟味する場合，それぞれの回帰係数の向き（プラスかマイナスか）や大きさだけでなく，父親の器用さと母親の器用さではどちらの影響がより大きいかというように，説明変数間で回帰係数（影響力）の大きさを比較することにも関心が払われます。

ただし，そうした比較を行うためには，すべての説明変数で測定値の単位やばらつきがそろっている必要があります。そこで，回帰係数の大きさを比較する場合には**標準化**（第 2 章 2.3 参照）を行って回帰係数の単位をそろえます。標準化された回帰係数は**標準化回帰係数**とよばれます。標準化回帰係数は，測定値を標準化してから回帰分析することで求められます。また，ここでは取り上げませんが，変換式で回帰係数から標準化回帰係数に変換することもできます。

例題のデータで標準化回帰係数を求めると**表 10-3** のようになります。な

お，データを標準化して回帰分析を行った場合には，回帰式の切片は0になります。例題データの場合，標準化してもしなくてもあまり数値は変わりませんが，データによっては回帰係数の値が大きく変わります。ただし，その場合も変わるのは回帰係数と切片の値だけで，決定係数などは変わりません。

表10-3 標準化後の回帰分析の結果

	推定値	標準誤差	t	p
(切片)	0			
父	0.762	0.381	2.000	0.184
母	0.208	0.381	0.546	0.640

R^2 : 0.813　調整済 R^2 : 0.626
$F(2, 2)=4.344$, $p=0.187$

2. 調整済み決定係数

それでは，作成した回帰式が有効なものかどうかについてもみてみましょう。まず決定係数（R^2）をみてみます。表10-3には R^2 の値が2種類書かれていますがこれはなぜでしょうか。じつは，回帰式のあてはまりのよさを示す決定係数には，説明変数の数が多くなるほど大きくなる性質があります。しかし，分析の目的はできるだけシンプルで精度のよい回帰式を作成することにあるので，説明変数が多く複雑な式ほど決定係数が高くなりやすいというのは困ります。そこで，説明変数の数を考慮して決定係数を調整した値が調整済み決定係数です。

例題の分析結果では，調整されていない決定係数は0.813で，父親の器用さだけを用いて分析した場合（0.792）よりも高い値になっていますが，調整済み決定係数は0.626で，0.792より低くなっています。この結果から，説明変数として父親と母親の両方の器用さ得点を用いるよりも，父親の得点だけを用いたほうがよいことがわかります。

念のため，回帰式や回帰係数の有意性検定を行ってみます。なお，ここでは説明のために検定を行っていますが，あてはまりの悪い回帰式についていちいち検定する必要はありません。むしろ，何度も繰り返して検定を行うこ

とで第1種の誤り[3]の危険性が高くなりますので，検定は必要最小限にとどめておくことが望ましいでしょう。

さて，例題データの結果では，自由度 (2, 2) の F の値が 4.344，有意確率 (p) は 0.187 ですので「回帰式の説明力は0である（予測の役に立たない）」という帰無仮説を棄却できません。また，それぞれの回帰係数についても，t の有意確率はそれぞれ 0.18 と 0.64 で，どちらも有意ではありません。これらのことから，父親の器用さと母親の器用さの得点を両方使用した回帰式は，子供の器用さを予測・説明するうえで有効でないということになります。

3. 多重共線性と変数選択

分析の結果，父親の器用さだけを説明変数とした場合には回帰式は有意でしたが，父親と母親の器用さの両方を説明変数とした場合には有意ではありませんでした。このように，説明変数が多ければよいというものでもなく，どの説明変数を用いるかによって，回帰式が有効かどうかが変わってきます。

なお2つ目の回帰式であてはまりがよくなかった原因の一つには，測定値の数に比べて説明変数が多すぎることがあります。例題データは説明用のもので，わずか5件分しかデータがありません。そのようなデータで2つも説明変数を用いたため，あてはまりが悪くなったのです。実際の場面ではここまで件数の少ないデータを分析することはないでしょうが，データの総件数に対して説明変数の数が多すぎるような場合には同様のことが起こり得ます。

また，説明変数の間で相関が強すぎる場合には，回帰係数が正しく計算できない場合があります。説明変数の中に相関の強すぎるものが含まれているという問題は**多重共線性**とよばれています。多重共線性の指標としては**分散拡大係数**（VIF）とよばれるものがよく用いられ，この値が大きくなるほど，説明変数間の多重共線性が強いことを意味します。一般的には，VIF が 10 以上の場合に多重共線性の問題があるとされ，VIF が 5 を超えるような場合

---

[3] 実際には有意でないのに有意と判断してしまうことです（第5章 5.3.2 参照）。

にも注意が必要といわれます。多重共線性の問題が生じている場合には，相関の高い説明変数を分析から除外するか，次章で説明する因子分析などを利用して説明変数の数を減らすなどの必要があります。

多重共線性の有無に関わらず，回帰分析の説明変数は増やしすぎないことが重要です。分析の目的はできるだけシンプルでかつ説明力のある回帰式を作成することですから，必要に応じて説明変数の取捨選択を行わなくてはいけません。説明変数を取捨選択する場合には，仮説に基づいて関連性が高いと考えられる説明変数を選択したり，あらかじめ変数選択のための数値基準を設定しておいて，それに基づいて計算で最適な説明変数の組合せを求めたりする方法が用いられます。

例題データでは，もっともあてはまりがよかったのは父親の器用さ得点だけを説明変数として用いた回帰式でした。そのため，例題データの最終的な分析結果は「親子の手先の器用さの間には，父親が器用であるほど子供が器用であるという関係がある」ということになります。

ポイント

- 回帰分析はデータ間の影響関係を回帰式（予測式）という形でモデル化する。
- 回帰係数はその説明変数による影響の大きさと影響の方向を示す。
- 決定係数（R^2）は，回帰式のあてはまりのよさを示す。
- 説明変数間で回帰係数の大きさを比較する場合には標準化回帰係数を用いる。

11 因子分析

　数学や理科は理系科目，国語や英語は文系科目など，さまざまな教科を理系と文系に区別するといったことが日常の中ではよく行われています。このように区別されるのは，多くの人が数学と理科，国語と英語にそれぞれ共通した部分があると認識しているからです。

　また，数学や理科の得意な人に対して「理系能力が高い」といったり，国語や英語の得意な人に対して「文系能力が高い」といったりもします。これは，数学や理科の成績，あるいは国語や英語の成績の良し悪しには，その共通部分に影響する何らかの「能力」があると考えていることにもなります（図 11-1）。

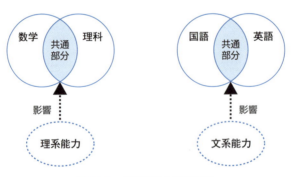

図 11-1　共通部分と影響因子

　こうした「能力」は，直接目に見える形で存在しているものではありません。国語や数学の点数そのものはテストの結果として実際に見ることができますが，たとえば「文系能力」の高さというのは，英語や国語などの成績をもとに推測することはできても，それ自体を直接見たり測ったりすることはできないのです。

心理学で扱われる概念の中にもこれによく似たものがあります。たとえば「知能」や「性格特性」などがそうです。知能や性格特性は，人々の思考や行動に影響すると考えられる要因ですが，知能そのもの，性格そのものを直接見たり測ったりすることはできません。知能や性格は，知能検査の得点や性格検査の得点などから推測することしかできないのです。この「知能」や「性格特性」のように，「さまざまな現象を説明するのに役立つが，それ自体を直接的に見たり測ったりすることはできないもの」は仮説的構成概念とよばれます。

こうした仮説的構成概念を数多く扱う心理学にとって必要不可欠ともいえる分析手法が，因子分析とよばれる多変量解析です。因子分析は，さまざまなデータに影響を与えていると考えられる潜在的な要素を因子として取り出し，その構造を明らかにしようとする分析手法です。因子分析は心理学の中でもとくに使用頻度の高い分析手法の一つで，先ほど例にあげた知能や性格の研究に限らず，さまざまな領域・分野で使用されています。

しかし，因子分析だけを扱った入門書がいくつも出版されているほど，因子分析は分析方法や分析結果の理解にさまざまな手順や知識が必要です。そのため，とくに統計法の初心者にとって，因子分析はかなり敷居の高い分析手法でもあります。そのような因子分析を本書のような入門書で扱うのは無謀なことだと思われるかもしれませんが，心理学の研究で頻繁に用いられている以上，たとえ統計法の入門者であっても最低限のことは知っておきたいものです。

11.1 因子分析のタイプ

因子分析には大きく分けて探索的因子分析とよばれるものと検証的因子分析（確認的因子分析）とよばれるものに分けられます。一般に，「因子分析」とだけいった場合には探索的因子分析のことを指します。探索的因子分析は，データの背後にある共通因子を探し出すことを目的としています。

たとえば，本章の最初に「文系能力」や「理系能力」という例を取り上げましたが，そうした能力は実際にあるといえるのでしょうか。また，そうした能力は「文系」と「理系」の2種類しかないのでしょうか，それとももっとたくさんあるのでしょうか。たくさんあるとしたら，一体いくつぐらいあるのでしょうか。こうした疑問について，さまざまな教科のテスト成績などをデータとして「探索的」に分析するのが探索的因子分析です。

これに対し，検証的因子分析では「さまざまな教科の成績には文系・理系の2種類の能力が影響を与えている」というような仮説が正しいといえるかどうかについて，データをもとに「検証」しようとします。

11.2 探索的因子分析

それではまず，探索的因子分析の考え方について例を用いてみていくことにしましょう。ここからは，探索的因子分析を単に「因子分析」とよぶことにします。

> 10人の学生を対象に，パスタソースの好みを1（嫌い）から9（好き）までの9段階でたずねました。その結果をまとめたものが次の表です。この結果から，パスタソースの好みに影響する共通因子としてどのようなものがあると考えられるでしょうか。

回答者	ツナクリーム	カルボナーラ	ナポリタン	アラビアータ
1	5	7	5	5
2	8	6	3	2
3	4	5	6	6
4	6	6	5	9
5	4	5	9	8
6	3	1	6	4
7	8	8	7	8
8	8	5	8	5
9	9	8	6	5
10	6	8	9	8

11.2 探索的因子分析

因子分析では，測定によって得られたデータを**観測変数**，それらに影響を与えていると想定される共通要素を**因子**あるいは**潜在変数**とよびます。例題についていえば，ツナクリームやカルボナーラに対する各回答者の好みの点数が観測変数で，それらに影響を与えていると考えられる共通要素が因子ということになります。

また，因子分析では，それぞれのパスタソースに対する好み（観測変数）は共通因子の影響を受けてできあがったものだと考えます。この考え方を図で表すと**図11-2**のようになります。そしてこの図の中の「因子の数」や因子の「影響の強さ」を，分析によって明らかにしようとするのです。

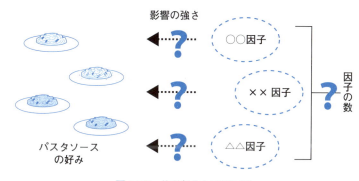

図 11-2　共通部分と影響因子

この考え方を回帰分析のところで用いた回帰式のような形で表すと次のようになります（**図11-3**）。式の a や b の部分は，それぞれの観測変数に対する各因子の影響の強さで，**因子負荷量**とよばれます。観測変数のうち，共通因子とその影響の合成によって表される部分は**共通性**とよばれます。独自因子は，それぞれの観測変数の分散のうち共通因子では説明しきれない部分，つまり誤差ということになります。因子分析では，観測変数をこのような式で表したうえで，データをもっともうまく説明できるような因子や a，b の値を計算により求めていきます。

しかし，ここで1つ大きな問題があります。これらの式のうち，値がすで

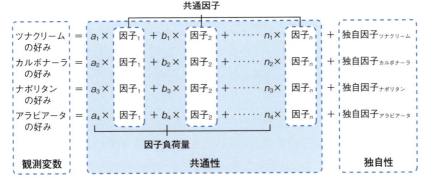

図 11-3 因子分析のモデル式

にわかっているのは式の左側，つまり観測変数の部分だけで，それ以外はすべて計算して求める必要があるということです。因子の影響の強さは計算してみないことにはわかりませんし，因子の数も分析してみないことにはわかりません。そして，共通性の部分がわからないと，独自性の部分もわかりません。

さすがにここまで「ないないづくし」では，「最適な答」を1つに決めるのは簡単ではありません。因子分析にはこれらの値を計算するための方法が何通りもあり，そしてどの方法を用いたかによって結果が変わってしまうのです。そのため，因子分析を行う場合にはどの方法を用いるべきかをよく考えて選択しなければなりませんし，因子分析の結果を読む場合にも，それがどのように因子分析されたものなのかがわからないといけません。こうしたところが因子分析を難しく感じさせている大きな原因の一つといえるでしょう。

因子分析で用いられるさまざまな計算の中で，とくに重要なものは**因子抽出**の方法と**因子回転**の方法です。因子抽出はデータの中から共通部分を因子として取り出すことで，これによって「因子の数」が決まります。また，因子回転は因子を解釈しやすくするための方法で，これによって因子の「影響の強さ」が決まります。

11.2.1 因子の抽出方法

では，例題データを用いて因子抽出の方法についてみていきましょう。因子分析で探索する共通因子は，観測変数間の共通部分に対して影響を与える要素です。ですから，共通因子をみつけるためには，まずそれぞれの観測変数が互いにどれだけ共通しているか（似ているか）を知る必要があります。

データがどれだけ似ているかの指標といえば，真っ先に思い浮かぶのが**相関係数**でしょう。そこでまず，各ソースに対する好みの評価で相関係数を求めてみます。各ソースに対する好みの間で相関係数を求め，それらを**相関行列**として示したものが表 11-1 です。

表 11-1　パスタソースに対する好みの相関行列

	ツナクリーム	カルボナーラ	ナポリタン	アラビアータ
ツナクリーム	1.00	0.65	−0.15	−0.15
カルボナーラ		1.00	0.07	0.33
ナポリタン			1.00	0.58
アラビアータ				1.00

表 11-1 をみてみると，ツナクリームとカルボナーラの相関係数が 0.65，ナポリタンとアラビアータの相関係数が 0.58 で，これらの間には比較的強い相関のあることがわかります。また，カルボナーラとアラビアータは 0.33 でやや弱い相関，それ以外では相関は 0.2 未満で，ほとんど相関がありません。

これらの相関係数から，ツナクリームが好きな人はカルボナーラも好き，ナポリタンが好きな人はアラビアータも好きという傾向のあることがわかります。どうやらパスタソースの好みには，クリーム系が好きかどうかとトマト系が好きかどうかといった共通因子がありそうです。また，ツナクリームを好きな程度とナポリタンやアラビアータを好きな程度にはほとんど相関はみられませんので，クリーム系が好きだとトマト系は嫌いというようなこともなく，両者の好みの間にはとくに関連がなさそうだということもわかりま

す。

　この例題のように測定対象が4種類しかなく，しかも相関関係がわかりやすいものであればこれで分析を終了してもいいかもしれません。しかし，実際のデータでは観測変数の種類も多く，また観測変数間の相関関係もみればすぐわかるような単純なものではありません。そこで，こうした相関関係をもとにして，どのような共通因子があるのかを因子分析で探索することになります。

　先ほどは相関行列の見た目から共通部分を探し出しましたが，因子分析ではこれを計算で行います。見た目で判断するか計算して判断するかが違うだけで，基本的な考え方は同じです。相関の高い部分とそうでない部分の情報を利用し，そこから共通因子を抽出するのです。因子抽出法としてよく用いられるものには，(反復)主因子法や最小2乗法，最尤法などがあります。

　心理学の論文で用いられている因子分析では，以前はほとんどの場合に主因子法が用いられていましたが，最近では最小2乗法や最尤法が用いられることも多くなっています。これらの方法の違いも理解しておくとよいのですが，本書ではとても扱いきれませんのでここでは省略します。なお，実際の分析場面では，データの量が十分に多ければ最尤法，最尤法でうまく分析できなかった場合は最小2乗法や主因子法を用いるというような使い分けが多くなされているようです。また，因子分析の結果を読むだけであれば，どの方法で因子抽出されたかについてはあまり気にする必要はありません。

　どのような方法を用いて因子抽出した場合でも，計算上は観測変数の個数と同じだけ共通因子が抽出されます。しかし，たとえば4種類のソースに対する好みを説明するために4つの因子を用いるのは馬鹿げています。それではもとのデータをみているのと変わらないからです。多変量解析の目的は複雑なデータをわかりやすくすることですから，できるだけ少ない個数で，しかもデータ全体をうまく説明できるように因子の数を決定しなくてはなりません。

　因子数の決定方法にもいろいろなものがあり，論文の中では因子数の決定

11.2 探索的因子分析

方法について,「固有値1.0以上を基準として」,「スクリー基準により」,「解釈可能性を考慮して」決定したという記述がよくみられます。これらはいずれも因子数決定のための基準です。

固有値というのはもともと数学の「行列」で用いられる概念です。詳しくは触れませんが,因子分析ではこの固有値が「共通因子の大きさ」のような意味をもちます。固有値の値は抽出法や計算方法によっても変わるのですが,相関行列を用いて計算した場合には,固有値はその共通因子が観測変数何個分の大きさであるかを示します。

「固有値1.0以上」という基準では,この固有値が1.0以上の値であるものを共通因子として採用します。固有値が1.0未満のものは,観測変数1個分も説明できないような小さな影響しかもたない因子なので,分析に含める必要はないと考えるのです。この基準はカイザー基準やカイザー・ガットマン基準ともよばれます。

「スクリー基準」も固有値を基準にした因子数の決定方法です。固有値を大きい順に並べて折れ線グラフで示したものをスクリープロットといい,スクリー基準ではこのスクリープロットで固有値の変化がなだらかになる部分の直前までを共通因子として採用します。図11-4は例題データを用いて作成した固有値のスクリープロットですが,因子2と3の間で急激に固有値が変化し,因子3と4の間でなだらかになっています。このような場合,スクリー基準では2個の因子を採用することになります。なお,これらの基準はあくまでも因子数決定のための目安であって,絶対的なものではありません。

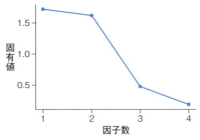

図11-4 **固有値のスクリープロットの例**

3つ目の「解釈可能性を考慮して」決定したというのは,「解釈しやすい数の因子数にした」ということです。統計法でこのような主観的な基準が用いられることに驚く人もいるかもしれません。しかし,因子分析の目的はデータの背後にある共通因子を探し出し,それらの因子を使ってデータをわかりやすく説明することですから,抽出した因子を解釈(理解)できないといけません。そのため,共通因子の数は,さまざまな指標を総合したうえで,最終的には研究者の判断で解釈しやすい個数に決められるのです。

例題データの場合には,スクリー基準では因子数は2個となりますし,また固有値が1を超えているのは最初の2つの因子だけですので,カイザー基準に照らしても因子数は2になります。また,相関行列(表11-1)を見た感じでも,クリーム系の好みとトマト系の好みという2つの共通因子で説明するのがわかりやすそうでしたので,因子数は2個としてよいでしょう。なお,因子数の決定手順も,因子分析を行う場合には理解しておく必要がありますが,論文を読むだけであればあまり気にする必要はありません。

1. 因子寄与率

因子をいくつ抽出するかも大事ですが,それよりも重要なのは抽出した因子でデータがきちんと説明できているかということです。抽出した因子でデータ全体の数%程度しか説明できないとしたら,それではデータを説明していることにはならないでしょう。抽出した各因子がデータをどれだけ説明できているかは**因子寄与率**[1]で確認します。

ここで例題データから因子を抽出した結果をみてみましょう。表11-2には,統計ソフトで計算した結果[2]を一般的な因子分析結果の表の形で示してあります。なお,さきほど因子の数を2個としましたので,因子数2の結果を示してあります。

---

[1] SPSSという統計ソフトでは,この値は「分散の%」という名前で表示されています。

[2] 例題データの分析にはRのpsychパッケージに含まれるfa()関数を使用し,minres法(重みづけなし最小残差法)で因子抽出しています。

表 11-2　例題データの因子抽出結果

	因子 1	因子 2	共通性
ツナクリーム	0.314	0.692	0.578
カルボナーラ	0.815	0.575	0.995
ナポリタン	0.398	−0.448	0.359
アラビアータ	0.813	−0.578	0.995
寄与率	39.5%	33.6%	
累積寄与率	39.5%	73.2%	

（因子1・因子2の列は「因子負荷量」）

　この表11-2の1行目から4行目まで（背景に色をつけた部分）に示してある数値は図11-3の因子負荷量の値，つまり各因子の観測変数に対する影響の強さです。因子負荷量の右の列は共通性で，それぞれの観測変数が共通因子によってどれだけ説明できるかを示しています。表の最後の2行に示してあるのが因子寄与率と累積寄与率です。

　因子寄与率は，その因子でデータの分散全体の何％を説明できるかを示す値です。表11-2をみると，因子1と因子2の因子寄与率はそれぞれ39.5％，33.6％となっています。

　また，寄与率の下にある累積寄与率は，最初の因子からその因子まででデータの何％を説明できるのかを表しています。表11-2の例でいうと，因子1だけでデータ全体の39.5％，そして因子1と2の2つで73.2％が説明できるということです。2つの因子でデータ全体の約70％を説明できるのなら十分といえるでしょう。

　なお，累積寄与率がどの程度であればよく，どの程度だとだめなのかについては明確な基準はありません。しかし，共通因子で「データを説明する」というからには，できれば50〜60％程度，少なくとも30〜40％程度は欲しいところです。

2. 共通性

　もう一つ，因子抽出に関連した重要な要素に共通性があります。因子寄与率が「その因子がデータ全体の分散を何％説明できるのか」という値である

のに対し，共通性は「その観測変数が共通因子でどれだけ説明されているのか」を示す値です。例題データではカルボナーラとアラビアータの共通性の値は 0.995 ですが，これはカルボナーラやアラビアータの好み得点の 99.5％が，抽出した2つの因子で説明できるということを意味します。

例題データの分析結果では，共通性がもっとも低いものでもナポリタンの 0.359 ですが，この共通性の値が 0.2（20％）や 0.1（10％）というような場合には，そうした観測変数を分析から除外して再度因子分析を行うことがあります。平均値の検定などとは異なり，因子分析では適切な因子を抽出するために設定を変えて何度か分析をやり直すということもよく行われます。

11.2.2 因子の回転

じつは，ここまでようやく因子分析の道のりの半分というところです。表 11-2 の結果をみてみると，たとえばカルボナーラへの因子1の負荷量は 0.815 ですが，因子2の負荷量も 0.575 あります。また，ナポリタンは因子1の負荷量が 0.398，因子2の負荷量が −0.448 です。因子分析の目的は共通因子を探し出してそれを解釈することだといいましたが，このように1つの観測変数が複数の因子から影響を受けている状態では，それぞれの因子を解釈することは困難です。そこで，因子抽出した結果に対して回転という処理を行って，これらの因子を解釈しやすくします。

因子の回転というのがどういうことなのか，因子分析結果を図にして見てみましょう。表 11-2 の因子分析結果は共通因子が2つしかありませんので，それぞれの因子の負荷量を横軸と縦軸にとって両因子の各ソースへの負荷量を散布図を作成してみます。すると図 11-5 の (a) のようになります。

図 11-5 の (a) にみられるように，各ソースの好み評価はどれも因子1と2の両方の影響をそこそこ受けている状態です。このままでは，因子1や因子2がどのような因子なのかを解釈するのは困難なので，それぞれのソースの好みが因子1と2のいずれか一方の軸に近くなるように，軸そのものを回転させます（図 11-5 の (b)）。そして，回転後の軸で因子の負荷量を計

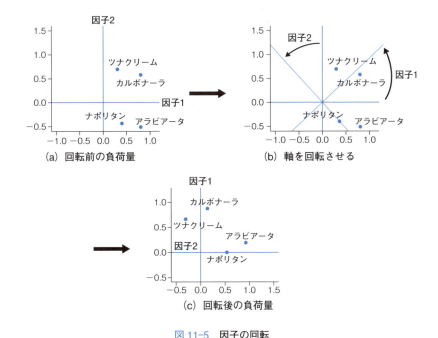

図 11-5　因子の回転

算し直したものが図 11-5 の (c) です。

図 11-5 の (c) では，アラビアータとナポリタンはほとんど因子 1 の影響を受けていませんし，カルボナーラとツナクリームは因子 2 の影響をほとんど受けていませんので，因子の解釈がより簡単になります。この状態であれば，因子 1 を解釈する場合にはカルボナーラとツナクリームの共通点だけを考えればいいので，因子 1 はたとえば「クリーム好き」の因子と解釈できます。また，因子 2 は主にアラビアータとナポリタンに関係しているので「トマト好き」の因子と解釈できます。

この図 11-5 の (c) のように，それぞれの観測変数がいずれか 1 つの因子の影響だけを強く受けている状態を**単純構造**といい，因子回転は分析結果をこの単純構造に近づけるために行われます。因子の回転方法には因子抽出法以上にさまざまなものがありますが，それらは大まかに 2 つのタイプに分

けることができます。一つは**直交回転**とよばれるタイプで，これは各因子の相関を0に固定したまま回転する方法です。そしてもう一つは**斜交回転**とよばれるタイプで，こちらは因子に相関がある場合も想定に入れた回転方法です。

1. 直　交　回　転

　直交回転は，抽出された因子の間の相関を0に保ったまま因子軸を回転させる方法です。相関が0の直線（軸）同士はグラフ上では直角に交わるためにこのようによばれます（図11-6）。

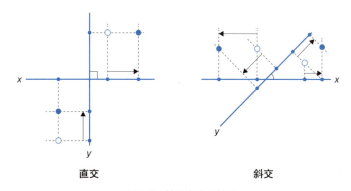

図11-6　軸の直交と斜交

座標軸が直交している場合，それぞれの軸は互いに影響し合わないので，一方の軸に沿って点の座標が変化してももう一方の軸上の座標は変化しない（独立，相関なし）。座標軸が斜交している場合には，一方の軸上で座標が変化するともう一方の軸上でも座標が変化する（相関あり）。

　直交回転の手法としてよく用いられているのは**バリマックス回転**です。直交回転にはその他にもいろいろなものがありますが，心理学の研究で直交回転が用いられる場合には，まずほとんどの場合がバリマックス回転です。

　表11-3は，例題データの分析結果をバリマックス回転した結果を示したものです。この表11-3の値と表11-2の値を見比べると，こちらのほうが因子をずっと解釈しやすいのがわかると思います。なお，因子負荷量は大きく変化していますが，各項目の共通性や因子の累積寄与率は変化していません。これはもとの配置を保ったまま軸だけを回転させているからです。

11.2 探索的因子分析

表 11-3 バリマックス回転後の因子負荷量

	因子 1	因子 2	共通性
ツナクリーム	0.729	−0.217	0.578
カルボナーラ	0.969	0.238	0.995
ナポリタン	−0.078	0.594	0.359
アラビアータ	0.097	0.993	0.995
寄与率	37.1%	36.1%	
累積寄与率	37.1%	73.2%	

因子全体での累積寄与率は変化していませんが，各因子の寄与率は回転前に比べてやや変化しています。通常，因子抽出直後は1番目の因子の寄与率が大きく，その後は後ろの因子になるほど寄与率が小さくなっていきます。因子を回転するとこうした寄与率の偏りが分散され，それぞれの因子がデータ全体に対してより均等に寄与するようになります。

2. 斜交回転

因子間の相関を 0 に保ったまま因子軸を回転させる直交回転に対し，そうした制約をつけずに因子軸を回転させるものを斜交回転とよびます。斜交回転にもさまざまな手法がありますが，心理学の研究でよく用いられているのはプロマックス回転です。

プロマックス回転では，まずバリマックス回転を行ってから[3]，その結果を変形してさらにプロクラステス回転という回転を用いて最終的な因子負荷量を決定します。プロクラステス回転とバリマックス回転を組み合わせるのでプロマックス回転というわけです。プロマックス回転のような斜交回転では各因子が直交していなくてはならないという制約がありませんので，直交回転の場合よりも単純構造が得られやすくなります。

表 11-4 は例題データの分析結果をプロマックス回転した結果です。表 11-4 の結果と表 11-3 の結果にはほとんど違いがみられませんが，それは因子1と因子2の相関が −0.058 で，因子間相関がほぼ0であったためです。

---

[3] バリマックス以外の直交回転が用いられる場合もあります。

表 11-4 プロマックス回転後の因子パターン

	因子1	因子2	共通性
ツナクリーム	0.716	−0.219	0.578
カルボナーラ	0.983	0.236	0.995
ナポリタン	−0.042	0.595	0.359
アラビアータ	0.156	0.994	0.995
因子間相関	因子1	因子2	
因子1	1.000		
因子2	−0.058	1.000	

　なお，統計ソフトなどで斜交回転を行った場合，因子回転後の結果に因子の**構造行列**（**因子構造**）と**パターン行列**（**因子パターン**）の2種類が表示されることがあります。構造行列は各観測変数と因子の間の相関係数を示したもので，パターン行列は観測変数に対する各因子の因子負荷を示したものです。因子の解釈を行ったり論文に結果を記載したりする場合には**パターン行列**のほうを使用します。

　斜交回転の結果を論文などに記載する場合，表 11-4 のように因子間の相関係数を必ず示すようにします。因子同士の相関の向きや強さも重要な情報だからです。また，統計ソフトによっては斜交回転の場合に共通性の値を表示しないものがありますが，共通性は因子回転によって変化しませんので，その場合には因子回転前の共通性の値を示します。なお，斜交回転では因子間に相関があり，それぞれの因子寄与には重複する部分があるため，因子寄与率や累積寄与率を求めることができません[4]。そのため，斜交回転を用いた分析結果では，因子の寄与率は表に示されていないことがほとんどです。

3. 直交回転と斜交回転のどちらを用いるか

　因子を回転させる場合，直交回転と斜交回転のどちらを用いるのがいいの

---

[4] 各因子の因子寄与の大きさそのものは，因子負荷量を2乗した値の合計値として算出されます。

でしょうか。コンピュータの性能がまだあまり高くなかった時代には、計算が比較的単純であるという理由で直交回転が多く用いられていました。斜交回転の計算は、かつてのコンピュータではまだ大変だったのです。

しかし、因子間の相関が0であるという保証はありませんし、相関がある場合に因子間の相関を0とみなして無理やり直交回転させても単純構造は得られません。現在ではコンピュータの性能もずいぶん向上し、計算の複雑さは大した問題ではなくなりました。そのため、最近では因子間に相関がないことがあらかじめ想定されているような場合を除き、斜交回転を使用するのが一般的になってきています。

なお、斜交回転でどの因子間にも相関がみられなかった場合、直交回転で回転し直すこともあります。たとえば例題データの斜交回転の結果は因子間の相関係数が−0.058で、因子間の相関はほぼ0でした。このような場合には、斜交回転でなく直交回転の結果を採用してもよいでしょう。

11.2.3　因子の解釈

因子分析で一番重要な部分は、分析によって抽出された**因子の解釈**です。因子の解釈とは、それぞれの因子の影響がどのようなものなのかを考え、それらに適切な名前をつけることです。因子をどのように解釈するべきかは計算では決められませんので、先行研究なども参考にしながら、その因子の内容を適切に表していると考えられる名前を研究者自身の判断でつける必要があります。

一般に、因子を解釈する場合には因子負荷の高い部分を参考にします。たとえば例題データの分析結果では、因子1はツナクリームとカルボナーラに高い負荷をもっています。ツナクリームとカルボナーラに共通する点といえば「クリーム系のソース」ですから、この因子は「クリーム系ソースに対する好みの強さ」を表しているのだろう、と考えるわけです。ただ、「クリーム系ソースに対する好みの強さ因子」では名前としては長いので「クリーム好き因子」など、簡潔な名前をつけるのがいいでしょう（図11-7）。因子の

名前のつけ方には特別な決まりはありませんが，他人がみても納得できるような名前をつけることが大事です。

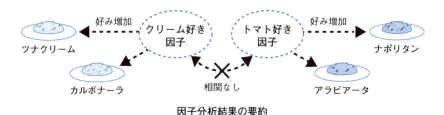

図 11-7　因子の名前はわかりやすいことが大事

なお，統計法の授業の中で因子分析を扱っていると，「〜な場合に○○が大きくなる傾向を示す因子」のような長々とした名前を因子につけようとする人が時々います。あまりに説明的で長い名前はわかりにくいですし，論文などでその因子について説明するたびに「〜な場合に○○が大きくなる傾向を示す因子」と繰返し書かねばならず大変です。分析結果と同様に，因子の名前もできるだけシンプルでわかりやすいことが望まれます。

11.2.4　因子得点

例題データではパスタソースの好みに影響を与える因子として「クリーム好き」因子と「トマト好き」因子が抽出されたわけですが，たとえば「クリーム好き」の程度に男女で差があるかどうかを知りたいというような場面もあるでしょう。そのような場合には，調査対象者一人ひとりについて，各因子の影響の強さを計算するということが必要になります。このような，対象者個人における各因子の影響の強さを得点化したものを**因子得点**とよびます。

因子の影響を求める方法は大きく分けて2通りあります。1つ目の方法は，因子負荷の高い項目の回答値・測定値を合計したり平均したりするというものです。たとえば，例題では「クリーム好き」の因子はツナクリームやカルボナーラには強い負荷をもっていますが，ナポリタンやアラビアータにはほ

11.2 探索的因子分析

とんど負荷がありません。そこで，各個人の「クリーム好き」の程度を数値化するときに，ツナクリームの回答値とカルボナーラの回答値を平均し，これを「クリーム好き」得点として扱うのです。この方法を使って例題データで各個人の「クリーム好き」得点と「トマト好き」得点を求めると表 11-5 のようになります。

表 11-5　各回答者の因子得点の求め方

プロマックス回転後の因子パターン

	クリーム好き	トマト好き
ツナクリーム	0.716	−0.219
カルボナーラ	0.983	0.236
ナポリタン	−0.042	0.595
アラビアータ	0.156	0.994

因子負荷の高い項目の平均を求める

回答者	「クリーム好き」得点	「トマト好き」得点
1	(5+7)÷2=6	(5+5)÷2=5
2	(8+6)÷2=7	(3+2)÷2=2.5
3	(4+5)÷2=4.5	(6+6)÷2=6
4	(6+6)÷2=6	(5+9)÷2=7
5	(4+5)÷2=4.5	(9+8)÷2=8.5
6	(3+1)÷2=2	(6+4)÷2=5
7	(8+8)÷2=8	(7+8)÷2=7.5
8	(8+5)÷2=6.5	(8+5)÷2=6.5
9	(9+8)÷2=8.5	(6+5)÷2=5.5
10	(6+8)÷2=7	(9+8)÷2=8.5

　例題データでは回答者の性別がわからないので男女で比較するということはできませんが，このように各個人でクリーム好きとトマト好きの程度を計算しておけば，別の分析では4つある観測変数の代わりにこの2つの得点を用いることもでき，分析に使用する変数の数を減らすこともできます。

　このように因子負荷が高い項目の値を合計したり平均したりして因子の影

響を得点化する方法は計算が単純であることから，性格検査などの心理測定尺度を作成する場合に多く用いられています．心理尺度では，ある特定の因子と関連の強い質問項目の集まりを**下位尺度**といい，その下位尺度の回答値の平均点や合計点を**下位尺度得点**として扱います．これは，先ほど例題データで各個人の「クリーム好き」得点と「トマト好き」得点を求めたのと同じことです．

しかし，因子負荷が高い項目の値を平均するという方法では，たとえばツナクリームへの「クリーム好き」因子の影響を 1,「トマト好き」因子の影響を 0 として計算していることになるため，因子 2 の影響（0.716）を過剰に見積もることになりますし，因子 2 の影響（-0.219）をまったく無視してしまうことになります．そこで，より厳密に因子の影響を得点化したい場合には，因子分析の結果からさらに**因子得点係数**とよばれる値を求め，これを用いて各個人における因子の影響の強さを得点化するという方法が用いられます．ただし，この方法では因子得点係数ともとのデータを掛け合わせて合計するという処理が必要で，得点の計算手順は複雑になります．

11.3 検証的因子分析

探索的因子分析がデータの背後にある共通因子を探索し，その構造を理解しようとするものであるのに対し，**検証的因子分析**はすでにある因子モデルがデータにあてはまるかどうかを検証するための分析です．

たとえば先ほどの例題データの分析では，パスタソースの好みには「クリーム好き」因子と「トマト好き」因子の 2 種類があるという結果が得られました．しかし，この分析はわずか 10 人の回答をもとにしたものですから，この結果が本当に一般的なものかどうかについて疑問を感じる人もいるはずです．この結果が一般的なものであることを示すためには，他のデータに対してもこの結果がうまくあてはまるということを示さなくてはなりません．

「クリーム好き」因子と「トマト好き」因子の 2 因子があるというモデル

11.3 検証的因子分析

が他のデータにもあてはまるということを示すには，新しく集めてきたデータでもう一度因子分析をすればよいのではないかと考えるかもしれませんが，それは適切な方法ではありません。なぜなら，因子分析はちょっとした設定の違いやデータの違いによって分析結果が変わってしまうことがあるからです。そこで，すでに想定される因子モデルがあるような場合には，検証的因子分析が用いられます。検証的因子分析では，もう一度因子分析をしたら同じ結果になるかという確かめ方ではなく，想定される因子モデルが新しく集めてきたデータにうまくあてはまるかどうかという形で因子の検証を行います。

11.3.1 検証的因子分析のモデル

例題データを使った探索的因子分析の結果では，「クリーム好き」と「トマト好き」の2因子が抽出されました。別の集団で同じ調査を行い，この2因子のモデルが正しいといえるのかどうかを確認したい場合，どのように分析すればよいのでしょうか。ここでもう一度最初の例題データの分析結果をみてみましょう。図11-8は，表11-4のプロマックス回転による結果を図に示したものです。

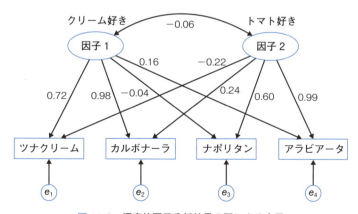

図 11-8　探索的因子分析結果の図による表示

図 11-8 では,楕円で描かれた因子からそれぞれの観測変数(パスタソースへの好み)に矢印が伸びていますが,この矢印が各因子の影響(因子負荷)を表しています。矢印の横に添えてある数字は各因子の各観測変数に対する影響の強さ,つまり因子負荷量です。各観測変数の下にある「e_1」などと書かれた丸は,共通因子では説明できない独自因子(誤差)です。また,両因子の間にある曲線は因子間の相関を表しています。

この図には分析結果のすべてを細かく書き込んでありますが,この図をもう少し単純化して各因子と観測変数の関係をわかりやすくしてみましょう。たとえば「クリーム好き」の因子からナポリタンやアラビアータへの因子負荷はほとんどありませんし,「トマト好き」因子からカルボナーラやツナクリームへの負荷もほとんどありません。そこで,こうした因子負荷の小さい影響は考えないことにしましょう。また,因子間の相関も 0 に近い値なので考えないことにします。そのようにして因子の影響関係を単純化したものが図 11-9 です。

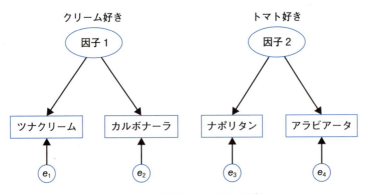

図 11-9 単純化された因子モデル

これでずいぶんとすっきりした図になりました。この図では,「クリーム好き」因子がツナクリームやカルボナーラの好き嫌いに影響し,「トマト好き」の因子がナポリタンやアラビアータの好き嫌いに影響するという関係が非常によくわかります。検証的因子分析では,因子の構造をこのようなわか

りやすい形にしたうえで，そのモデルがデータにあてはまるかどうかを検証します。

さて，新しく集めたデータにこのモデルがうまくあてはまるかどうかをみる必要があるわけですが，あてはまりの程度は計算で求める必要がありますので，図で表されたこのモデルを式の形にしなくてはなりません。図 11-9 のモデルを式で表すと図 11-10 のようになります。

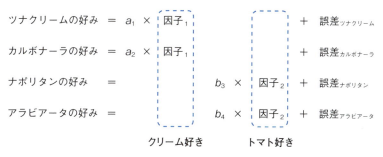

図 11-10　検証的因子分析のモデル式

見てわかるように，これは図 11-3 の式から影響関係のない部分を省いたものです。後は，新しく集めたデータからこれらの式の係数（a や b の部分）を求め，それらの式でデータを十分に説明できるかどうかを確かめます。探索的因子分析とは違い，検証的因子分析では因子の数があらかじめ決まっています。また，探索的因子分析では結果を解釈するために因子回転を行いますが，検証的因子分析ではその必要がありません。

実際の計算は統計ソフトなしで簡単にできるようなものではないのでここでは省略します。ただ，ここまでの説明だけでも，探索的因子分析と検証的因子分析では同じ「因子分析」という名前がついていながら，ずいぶん違う分析方法であるということがわかったのではないかと思います。

さて，検証的因子分析ではこの後，検証対象の因子モデルが新しく集めたデータにどの程度あてはまるかを確かめるわけですが，そのあてはまりのよさ（**適合度**）の指標にはじつにさまざまなものがあります。また，その検証

には**構造方程式モデリング**（SEM）や**共分散構造分析**とよばれる分析手法が用いられるため，検証的因子分析の適合度の指標には構造方程式モデリングと同じものが用いられます。そこで，適合度の指標については次章の「構造方程式モデリング」でまとめて説明することにします。

ポイント

- 因子分析には探索的因子分析と検証的因子分析がある。
- 探索的因子分析の目的は，データの背後にある共通因子を探し出すことである。
- 探索的因子分析では，因子を解釈しやすくするために因子回転が行われる。
- 直交回転では因子間に相関はないが，斜交回転では因子間に相関がある場合がある。
- 検証的因子分析の目的は，既存の因子モデルが新しいデータにもあてはまるかどうかを確かめることである。

12 構造方程式モデリング(SEM)

近年，心理学の研究で頻繁に用いられるようになった分析手法が**構造方程式モデリング**（Structural Equation Modeling；**SEM**）です。この分析手法は**共分散構造分析**という名前でよばれることもあります。

SEMによる分析では，因子分析と同様に直接観察できない因子を分析モデルの中に含めることができます。また，SEMの分析手法は**回帰分析**と**因子分析**を組み合わせたものと説明されることも多く，**回帰分析**や**因子分析**単独ではみることができないような，潜在変数や観測変数の間のさまざまな関係を分析することが可能です。

12.1 結果の図の読み方

SEMを用いて分析を行うのは因子分析以上に複雑で難しいのですが，その分析結果を理解するのはそれほど難しくはありません。

論文の中に，図12-1や前章の図11-8のような図が示されているのをみたことがあるでしょう。ほとんどの場合，SEMの分析結果はこの図のような形で示されます。この図の書き方にはいくつか一般的なルールがあり，それがわかっていれば結果を理解することは可能です。そこでこの章では，まずSEMの結果の図の読み方について説明することにします。

12.1.1 パス図の基本要素

図12-1のような図は，一般に**パス図**とよばれています。パス図では，モデルに含まれる**変数**を長方形または楕円で示し，それぞれの変数の間の関係を直線や曲線などの線（**パス**）で示します。

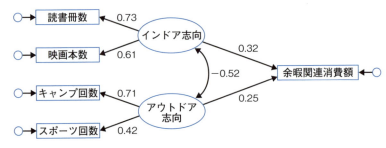

図 12-1　パス図の例
モデルと数値はいずれも架空のもの。

パス図に長方形で示してあるものは因子分析の**観測変数**に相当する部分で，実際に測定された変数です（図 12-2）。観測変数は，SEM では**顕在変数**や**測定変数**という名前でよばれることもあります。楕円で示してあるものは**潜在変数**で，因子分析の**因子**のように，直接には見たり測定したりできない部分です。

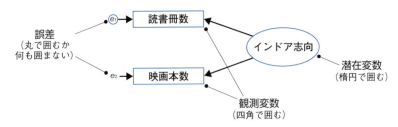

図 12-2　観測変数と潜在変数

SEM のパス図では，誤差の部分は（楕）円で示すか，あるいは何も囲まずに文字だけで示したりするのが一般的です。また，誤差のうち，とくに潜在変数に関するものを**撹乱項**や**撹乱変数**などとよぶことがあります。

パス図の中のパスは変数間の関係を示すものですが，このパスには片方にだけ矢印がついたものと両方に矢印がついたものがあります（図 12-3）。片方にだけ矢印のついたパスは**影響関係**（因果関係）を示すもので，このパスの起点（矢印がついていないほう）の変数が，パスの終点（矢印がついているほう）の変数に対して影響を与えていることを意味します。

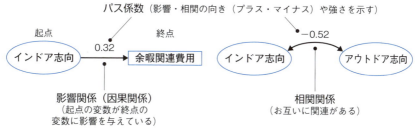

図 12-3 パスの種類

　両方向に矢印がついているパスは，そのパスの両端にある 2 つの変数の間に関連があるということを示しています。つまり，両矢印のパスは共分散や相関を示すものです。なお，多くの場合，影響関係を示すパスは直線，相関関係を示すパスは曲線で描かれます。

　また，それぞれのパスにつけられている数値は影響や関係の強さを示すもので，パス係数とよばれます。回帰分析の回帰係数のように，パス係数は標準化されている場合とそうでない場合で値が異なります。心理学の研究論文では，多くの場合標準化された値が用いられます。

12.1.2　外生変数と内生変数

　観測変数と潜在変数の区別の他に，外生変数と内生変数という区別もあります（図 12-4）。

　外生変数は，分析モデルの中で他の変数から影響をまったく受けていない変数で，パスの起点（矢印がついていないほう）になることはあっても，パスの終点（矢印がついているほう）になることはありません。また，外生変数は他の変数によって説明されるということがないので，この変数に対して誤差（撹乱変数）は存在しません。なお，両矢印のパスは影響関係ではなく相関関係を示すものなので，外生変数かどうかを考える際には考慮に入れません。

　これに対し，分析モデルの中で別の変数の影響を少なくとも 1 つ以上受け

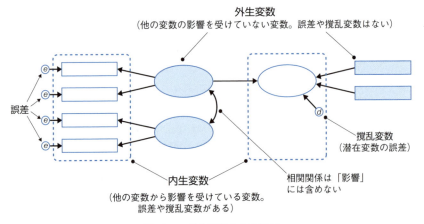

図 12-4　外生変数と内生変数

ている変数が内生変数です。回帰分析でもみてきたように，ある変数から別の変数を予測（説明）する場合，その予測結果には誤差がつきものです。そのため，内生変数には誤差（撹乱変数）が必ず発生します。ただし，多数の変数を用いた分析結果をパス図に示す場合には，図のみやすさを考慮して誤差の表示を省略することもあります。

12.1.3　直接的影響と間接的影響

　図の各要素についての知識だけでも，パス図に示された分析結果をだいたい把握することはできるだろうと思います。しかし，変数間の関係をより正確に理解するためには，各変数間の直接的な関係と間接的な関係を総合してとらえる必要があります（図 12-5）。

　パス図において，ある変数から別の変数への直接的なパスで示されている部分は直接効果とよばれます。この部分についての読み方は単純で，そのパスにつけられているパス係数がプラスかマイナスか，絶対値がどれだけ大きいかをみるだけです。これは回帰係数や因子負荷量をみるときと同じです。

　これに対し，ある変数から他の変数を経由して別の変数に影響が及ぶもの

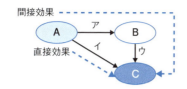

図 12-5 直接効果，間接効果と総合効果

を間接効果とよびます。間接効果については，複数のパス係数を総合して判断する必要があります。間接効果は，起点となる変数から終点となる変数までのパス係数を掛け合わせて求めます。

そして，これら直接効果と間接効果を総合したものが総合効果です。総合効果は，直接効果と間接効果を合計することによって求められます。

12.2　構造方程式と測定方程式

結果の図の読み方について基本的な部分はみてきましたので，ここで少しだけ分析方法についてもみておくことにしましょう。

パス図として示されている図は，実際にはさまざまな式の集合です。このパス図と式の関係を示したものが図 12-6 です。

図の左側の部分は，前章の最後に取り上げた検証的因子分析のモデル（図 11-9）と同じ形をしているのがわかると思います。実際，パス図のこの部分は因子分析と同じものです。この因子分析の部分を表す式は，潜在変数が複数の観測変数によってどのように測定されるのかを表すため，測定方程式とよばれます。また，分析モデルの中で測定方程式で表される部分は測定モデルとよばれます。

図 12-6 のアミカケの部分の式は，回帰分析の回帰式と同じ構造です。このような，1つあるいは複数の変数から他の変数を説明する式は構造方程式

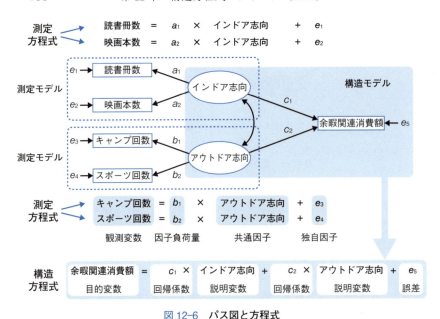

図12-6 パス図と方程式

とよばれます。また，分析モデルのうち構造方程式によって表される部分は**構造モデル**とよばれます。

　このように，SEM のモデルは因子分析と同じ構造をもった測定モデルと，回帰分析と同じ構造をもった構造モデルを組み合わせてできあがっています。SEM が回帰分析と因子分析を組み合わせたものと説明されるのはこのためです。SEM では，このようにしてそれぞれの変数間の関係を構造方程式や測定方程式の形で表現したうえで，変数間に想定される共分散（相関）をふまえながら，それらの方程式の組合せでデータをもっともよく説明できるように各方程式の係数や共分散（相関）の値を求めます。

　なお，通常の回帰分析で説明変数や目的変数として用いられるのはすべて実際に測定された値であり，観測変数ですが，SEM の中では説明変数や目的変数は観測変数であっても潜在変数であっても構いません。つまり，潜在因子から観測変数を説明するということも可能ですし，観測変数から潜在因

子を説明したり，潜在変数で別の潜在変数を説明するということも可能です。実際，図 12-6 の構造モデルでは「余暇関連消費額」の説明変数は 2 つとも潜在変数です。

また，これは測定モデルの部分も同様です。因子分析では観測変数の背後に潜在因子を想定しますが，SEM では複数の潜在因子の背後にさらに総合的な潜在因子を想定するといったことも可能です（図 12-7）。

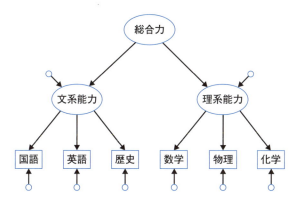

図 12-7　潜在因子の背後にさらに総合的な因子を想定することもできる

12.3　適合度の指標

　分析に使用したモデル（方程式の組合せ）が適切でなければ，分析結果でデータをうまく説明することはできません。そこで，各方程式の係数を求めた後には，分析に用いたモデルがデータにきちんとあてはまっているかどうかを確かめる必要があります。

　第 11 章の最後にも少し触れましたが，分析モデルがデータにうまくあてはまっているかどうかの指標にはさまざまなものがあります。それらのうち，一般的によく用いられるものを表 12-1 にまとめました。なお，適合度の指標にはずれの大きさを数値化したものとあてはまりのよさを数値化したものがあります。ずれの大きさを数値化した指標ではその値が小さいほうが好ま

しく，あてはまりのよさを数値化した指標ではその値が大きいほうが好ましいというように，それぞれ基準の見方が異なります。

表 12-1 SEM で用いられる代表的な適合度指標とその基準の目安

指標	適合の目安	説明
ずれの大きさの指標（値は小さいほうが好ましい）		
χ^2	n.s. ($p > .05$)	測定データとモデルによる予測値のずれの大きさ。χ^2 の有意性検定の結果が有意でない場合にはモデルとデータのずれが小さいということになり，モデルのあてはまりがよいといえる。
RMSEA	RMSEA＜0.05	近似誤差平方平均平方根（Root Mean Square Error of Approximation）の略で，モデルとずれの大きさを表す指標の一つ。「ラムジー」と発音する人もいる。
AIC, BIC	基準なし	赤池情報量基準（Akaike's Information Criterion）およびベイズ情報基準（Bayesian Information Criterion）の略。複数あるモデルの候補の中からもっとも適合のよいモデルを選択するときに使用される基準で，絶対的な基準はない。モデル選択では，複数ある候補のうち AIC や BIC の値がもっとも低いものが選ばれる。
あてはまりのよさの指標（値は大きいほうが好ましい）		
GFI	GFI＞0.9	回帰分析の決定係数（R^2）のような値。GFI は Goodness of Fit Index の略で，直訳すれば「あてはまりのよさの指標」。
AGFI	AGFI＞0.9	GFI は，決定係数と同様に変数の数が増えるほど値が大きくなる性質があり，それを調整（adjust）したものが AGFI（調整済み GFI）。AGFI と GFI の値が極端に異なるモデルは好ましくないとされる。
CFI	CFI＞0.9	比較適合度指標（Comparative Fit Index）の略で，GFI と同様に解釈可能。データ量（何件分のデータを分析に用いるか）の影響を受けにくい。

　これらの適合度指標のうち，基本となるのは第 8 章でも用いた χ^2 の値ですが，χ^2 の値は分析に使用されるデータの件数による影響を受けやすく，データ件数が多い場合には χ^2 の検定結果は有意になりやすいことが知られています。

そこで，そうした問題を解消するためにさまざまな指標が考案されてきたのですが，今のところこれ1つでOKというような決定的な指標はありません。そのため論文では，χ^2とGFI/AGFI, RMSEA，あるいはχ^2とCFIなど，適合度の指標を複数示すのが一般的で，それらを総合して適合度を判断します。

なお，表12-1にあげた指標のうち，AICとBICには「これ以上あれば」あるいは「これ以下なら」あてはまりがよいというような基準はありません。これらの値は，候補となるモデルの中でもっとも適合度のよいものを選択するために使用されるもので，分析の過程において，各モデルの適合度のよさを相対的に比較するための指標です。AICやBICをデータが異なるモデル間で比較することはできません。

ポイント

- 構造方程式モデリング（SEM）は潜在変数と観測変数の両方を用いた分析ができる。
- 回帰分析のように，ある変数が複数の他の変数からどのような影響を受けているかを表したものが構造モデル。
- 因子分析のように，潜在変数と観測変数の関係を表したものが測定モデル。
- SEMでは，構造モデルと測定モデルをさまざまに組み合わせて分析を行う。
- 分析結果は，パス図とよばれる図に示される。

おわりに

　近年，高校のかなり早い段階で文系か理系かの進路選択が行われているということもあって，とくに私立文系といわれる大学・学部では，数学が苦手というだけでなく，高校でほとんど数学を勉強してこなかったという学生がかなりの数でいるようです。しかし，数学に対して強い苦手意識をもち，数学の知識が十分でない学生にとっても，統計法の基本的な部分で用いられる式や計算そのものはそれほど難しいものではありません。

　その証拠に，本書には三角関数や微分・積分など，多くの人が苦手とする数学的な要素はまったく出てきません。数学らしい部分といえば，2乗の計算やルートが出てくることくらいでしょうか。もちろん，計算手順が単純であることと理論や概念が簡単かどうかはまた別の問題ですが，それでも計算そのものは比較的単純なのです。しかし，統計法の教科書ではいたるところで数学的な記号や数式表現が用いられていて，それを見て怖気づいてしまう人も多いようです。

　統計法の教科書で数学記号がたくさん出てくるのにはもちろん理由があります。あたりまえのことですが，数学記号は数式を簡潔に書くうえで便利だからです。たとえば，「平均値からの偏差をそれぞれ2乗し，それらをすべて合計して測定値の個数で割ったものが分散である」という説明は，数学記号を使えば「分散 $= \frac{1}{n}\sum_{i=1}^{n}(x_i-\bar{x})^2$」だけで終わります。このように，言葉で説明すると長くなりがちなことも数学記号を使えば簡潔に説明することができるので，数学の基本的な知識がある場合には，こうした数学記号を用いた記述のほうがわかりやすく効率的なものなのです。

　しかし，数学が苦手な人や数学をほとんど勉強してこなかった人にとっては，数学記号は意味のわからない外国語と同じようなものです。ただでさえ苦手に感じている科目を外国語で学ばなければならないとしたら，理解が難しいのは当然のことでしょう。そこで本書では，心理統計法に対する苦手意

識を少しでも弱めてもらうために，Σ のような数学記号は使用せず，それ以外の部分でも数学的な表現を可能な限り避けてできるだけ平易に説明するよう心がけました。

ただ，やはりある程度以上の部分では，数学の知識なしでというわけにはいきません。たとえば，本書の第Ⅲ部では多変量解析をいくつか取り上げました。それぞれの分析がどういうことをしているのかについては大体イメージがつかめたのではないかと思いますが，数学的知識が必要な部分の説明は省略していますので，かなり大雑把な説明になっています。多変量解析のような複雑な分析方法をきちんと理解しようとする場合には，微分・積分やベクトル・行列についての基本的な知識が必要になるでしょう。

また，本書で取り上げたのは心理統計の中でもとくに基本的な部分だけです。実際にいろいろな研究論文を読んだり，あるいは卒業研究などで自分でデータをとって分析したりするためには，本書の内容だけでは足りない部分も多いことでしょう。さらに詳しく，あるいは幅広く学びたいという場合には，やはり数式がある程度読めるようになっておく必要があります。

そこで，数学が苦手な人は本書の次に少なくとももう一冊，心理統計法の基礎についての入門書を読んでみることをお勧めします。その際，今度は数式や数学記号が用いられているものを読んでみてください。つまり，本書で取り上げた内容を，今度は数式つきで学び直すのです。すでに知っている内容であれば，数式も少しは理解しやすくなるでしょう。そして数式に対する苦手意識が和らいだら，次のステップへと進んでください。

また，本書には練習問題がありませんが，統計の理解のためにはやはりいろいろなデータを使って分析してみることも大事です。基本的な理解ができたら，練習問題がついている教科書や，インターネットで公開されているデータなどを使って分析してみることをお勧めします。

付　録

付録1　本書で扱った計算式一覧　　198

付録2　統 計 表　　209

　　付表A　有意水準5%の t の臨界値（両側確率）……………207

　　付表B　有意水準5%の F の臨界値（上側確率）……………208

　　付表C　有意水準5%のステューデント化
　　　　　された範囲 q の臨界値 …………………………………209

　　付表D　有意水準5%の χ^2 の臨界値 ……………………………210

付録1 本書で扱った計算式一覧

手作業で統計量を計算する機会はそれほど多くないとは思いますが、本書の第Ⅰ部と第Ⅱ部で取り上げた計算式を一覧としてまとめておきます。

第Ⅰ部 記述統計

【代表値と散らばりの指標】

- 平均値

$$\text{平均値}\ (\bar{X}) = \frac{\text{測定値の合計}}{\text{測定値の個数}}$$

- 分散

$$\text{分散} = \frac{(\text{測定値} - \text{平均値})^2 \text{の合計}}{\text{測定値の個数}}$$

- 標準偏差

$$\text{標準偏差} = \sqrt{\text{分散}}$$

- 標準得点

$$\text{標準得点}\ (z) = \frac{\text{測定値} - \text{平均値}}{\text{標準偏差}}$$

【関係の指標】

- 共分散

2つのデータのそれぞれを X, Y とした場合。

$$\text{共分散} = \frac{(\text{測定値}_{X_i} - \text{平均}_X) \times (\text{測定値}_{Y_i} - \text{平均}_Y) \text{の合計}}{\text{測定値のペアの数}}$$

付録1　本書で扱った計算式一覧

- **ピアソンの積率相関係数**

2つのデータのそれぞれを X, Y とした場合。

$$相関係数\,(r) = \frac{X と Y の共分散}{X の標準偏差 \times Y の標準偏差}$$

- **スピアマンの順位相関係数**

$$順位相関係数\,(r_s) = 1 - \frac{順位の差^2 の合計 \times 6}{ペアの個数 \times (ペアの個数^2 - 1)}$$

- **連関係数（ϕ）**

次のような2×2のクロス集計表の場合。

	y_1	y_2	合計
x_1	行$_1$列$_1$	行$_1$列$_2$	行$_1$合計
x_2	行$_2$列$_1$	行$_2$列$_2$	行$_2$合計
合計	列$_1$合計	列$_2$合計	総度数

$$\phi\,係数 = \frac{(行_1列_1 \times 行_2列_2 - 行_1列_2 \times 行_2列_1)}{\sqrt{行_1合計 \times 行_2合計 \times 列_1合計 \times 列_2合計}}$$

- **連関係数（クラメールの V）**

p 行×q 列（$p \leq q$）のクロス集計表の場合。χ^2 の算出方法は独立性の検定の式（p.205）を参照のこと。

$$クラメールの\,V = \sqrt{\frac{\chi^2}{総度数 \times (行数と列数の小さいほうの値_{(p)} - 1)}}$$

第Ⅱ部　推定統計

【不偏分散】

$$\text{不偏分散} = \frac{(\text{測定値} - \text{平均値})^2 \text{の合計}}{\text{測定値の個数} - 1}$$

【標準誤差】

$$\text{標準誤差} = \sqrt{\frac{\text{母分散}}{\text{標本に含まれる測定値の個数}}}$$

または,

$$\text{標準誤差} = \sqrt{\frac{\text{不偏分散}}{\text{標本に含まれる測定値の個数}}}$$

【信頼区間】

95％の信頼区間を母分散から算出した標準誤差で求める場合。

$$\text{信頼区間の上限} = \text{平均値} + \text{有意水準5\%の}z\text{の臨界値} \times \text{標準誤差}$$
$$\text{信頼区間の下限} = \text{平均値} - \text{有意水準5\%の}z\text{の臨界値} \times \text{標準誤差}$$

95％の信頼区間を不偏分散から算出した標準誤差で求める場合。

$$\text{信頼区間の上限} = \text{平均値} + \text{有意水準5\%の}t\text{の臨界値} \times \text{標準誤差}$$
$$\text{信頼区間の下限} = \text{平均値} - \text{有意水準5\%の}t\text{の臨界値} \times \text{標準誤差}$$

$$(\text{自由度}(df) = \text{測定値の個数} - 1)$$

付録1　本書で扱った計算式一覧

【1つの平均値の検定】

● z を用いた検定

$$z = \frac{標本平均 - 母平均}{\sqrt{\dfrac{母分散}{測定値の個数}}}$$

● t を用いた検定

$$t = \frac{標本平均 - 母平均}{\sqrt{\dfrac{不偏分散}{測定値の個数}}}$$

$$自由度\,(df) = 測定値の数 - 1$$

【2つの平均値の検定】

● 対応ありデータの検定

$$t = \frac{差の平均}{\sqrt{\dfrac{差の不偏分散}{測定値ペアの個数}}}$$

$$自由度\,(df) = 測定値のペアの数 - 1$$

● 対応なしデータの検定（ステューデントの検定）

対応がない2つのグループ（X, Y）で平均値の差を検定する場合。

$$t = \frac{Xの平均値 - Yの平均値}{\sqrt{\dfrac{Xの偏差^2の合計 + Yの偏差^2の合計}{Xの個数 + Yの個数 - 2}} \times \sqrt{\dfrac{1}{Xの個数} + \dfrac{1}{Yの個数}}}$$

$$自由度\,(df) = Xの測定値の個数 + Yの測定値の個数 - 2$$

● 対応なしデータの検定(ウェルチの検定)

対応がない2つのグループ(X, Y)で平均値の差を検定する場合。

$$t = \frac{X\text{の平均値} - Y\text{の平均値}}{\sqrt{\dfrac{X\text{の不偏分散}}{X\text{の測定値の個数}} + \dfrac{Y\text{の不偏分散}}{Y\text{の測定値の個数}}}}$$

$$\text{自由度}(df) = \frac{\left(\dfrac{X\text{の不偏分散}}{X\text{の個数}} + \dfrac{Y\text{の不偏分散}}{Y\text{の個数}}\right)^2}{\dfrac{X\text{の不偏分散}^2}{X\text{の個数}^2 \times (X\text{の個数}-1)} + \dfrac{Y\text{の不偏分散}^2}{Y\text{の個数}^2 \times (Y\text{の個数}-1)}}$$

【3つ以上の平均値の検定】
● 1要因分散分析の主効果

要因Aの主効果について検定する場合。

主効果の偏差^{2}の合計 = (各水準の測定値の個数×(各水準の平均値 − 全体平均値)^2) の合計

誤差の偏差^{2}の合計 = (測定値 − 各水準の平均値)^2 の合計

主効果の分散 = 主効果の偏差^{2}の合計 ÷ (水準数 − 1)

誤差の分散 = 誤差の偏差^{2}の合計 ÷ (測定値の総数 − 水準数)

$$F = \frac{\text{主効果の分散}}{\text{誤差の分散}}$$

自由度:分子 df = 水準数 − 1
　　　　分母 df = 測定値の総数 − 水準数

付録1　本書で扱った計算式一覧

● 多重比較

$$\text{ステューデント化された範囲}\,(q) = \frac{\text{平均値}_{\text{大}} - \text{平均値}_{\text{小}}}{\sqrt{\dfrac{\text{誤差の分散}}{\text{水準に含まれる測定値の個数}}}}$$

● 2要因分散分析の主効果と交互作用

要因A，要因Bの主効果と交互作用について検定する場合。

主効果 A の偏差^2 の合計 ＝（各水準の測定値の個数 ×（A の各水準の平均 − 全体平均）^{2}）の合計

主効果 B の偏差^2 の合計 ＝（各水準の測定値の個数 ×（B の各水準の平均 − 全体平均）^{2}）の合計

交互作用の偏差^2 の合計 ＝（各水準の測定値の個数 ×（（$A \times B$ の各水準の平均 − 全体平均）−（（A の平均 − 全体平均）＋（B の平均 − 全体平均）））^{2}）の合計

誤差の偏差^2 の合計 ＝（測定値 − 各水準の平均値）^{2} の合計

主効果 A の分散 ＝ 主効果 A の偏差^2 の合計 ÷（A の水準数 − 1）

主効果 B の分散 ＝ 主効果 B の偏差^2 の合計 ÷（B の水準数 − 1）

交互作用の分散 ＝ 交互作用の偏差^2 の合計 ÷（（A の水準数 − 1）×（B の水準数 − 1））

誤差の分散 ＝ 誤差の偏差^2 合計 ÷（測定値の総数 −（A の水準数 × B の水準数））

$$F_{A\text{の主効果}} = \frac{\text{主効果}\,A\,\text{の分散}}{\text{誤差の分散}}$$

$$F_{B\text{の主効果}} = \frac{\text{主効果}\,B\,\text{の分散}}{\text{誤差の分散}}$$

$$F_{\text{交互作用}} = \frac{\text{交互作用の分散}}{\text{誤差の分散}}$$

> 主効果 A の自由度：分子 $df = A$ の水準数 -1,
> 　　　　　　　　　分母 $df =$ 測定値の総数 $-(A$ の水準数 $\times B$ の水準数$)$
> 主効果 B の自由度：分子 $df = B$ の水準数 -1,
> 　　　　　　　　　分母 $df =$ 測定値の総数 $-(A$ の水準数 $\times B$ の水準数$)$
> 交互作用の自由度：分子 $df = (A$ 水準 $-1) \times (B$ 水準 $-1)$,
> 　　　　　　　　　分母 $df =$ 測定値の総数 $-(A$ の水準数 $\times B$ の水準数$)$

【度数・比率の検定】

● 適合度の検定

> $$\chi^2 = \frac{(観測値 - 期待値)^2}{期待値} \text{ の合計}$$
>
> 自由度 $(df) =$ カテゴリ数 -1

● 独立性の検定

p 行 $\times q$ 列のクロス集計表の場合。

	列$_1$	列$_2$	$\cdots$	列$_q$	合計
行$_1$	行$_1$列$_1$	行$_1$列$_2$	$\cdots$	行$_1$列$_q$	行$_1$合計
行$_2$	行$_2$列$_1$	行$_2$列$_2$	$\cdots$	行$_2$列$_q$	行$_2$合計
$\vdots$	$\vdots$	$\vdots$	$\ddots$	$\vdots$	$\vdots$
行$_p$	行$_p$列$_1$	行$_p$列$_2$	$\cdots$	行$_p$列$_q$	行$_p$合計
合計	列$_1$合計	列$_2$合計	$\cdots$	列$_q$合計	総度数

付録1　本書で扱った計算式一覧

$$\text{行}_i\text{列}_j\text{のセルの期待値} = \frac{\text{行}_i\text{合計}\times\text{列}_j\text{合計}}{\text{総合計}}$$

$$\chi^2 = \frac{(\text{観測値}-\text{期待値})^2}{\text{期待値}}\text{の合計}$$

$$\text{自由度}(df) = (\text{行数}-1)\times(\text{列数}-1)$$

【差の大きさを表す効果量】
- 1つの平均値，または対応がある2つの平均値の場合

$$d = \frac{\text{標本平均}-\text{母平均}}{\text{標準偏差}}\text{の絶対値}$$

- 対応がない2つの平均値の場合

$$d = \frac{(X\text{の平均値}-Y\text{の平均値})\text{の絶対値}}{\sqrt{\dfrac{X\text{の偏差}^2\text{の合計}+Y\text{の偏差}^2\text{の合計}}{X\text{の測定値の個数}+Y\text{の測定値の個数}-2}}}$$

- 分散分析の主効果と交互作用

$$\text{主効果の}\eta_p^2 = \frac{\text{主効果の偏差}^2\text{の合計}}{\text{主効果の偏差}^2\text{の合計}+\text{誤差の偏差}^2\text{の合計}}$$

$$\text{交互作用の}\eta_p^2 = \frac{\text{交互作用の偏差}^2\text{の合計}}{\text{交互作用の偏差}^2\text{の合計}+\text{誤差の偏差}^2\text{の合計}}$$

【関係の強さを表す効果量】

- d から r への変換

$$r = \frac{d}{\sqrt{d^2+4}}$$

- t から r への変換

$$r = \sqrt{\frac{t^2}{t^2+\text{自由度}}}$$

付録2 統計表

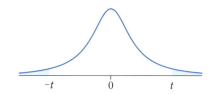

付表 A	有意水準5%の t の臨界値（両側確率）				
df	t	df	t	df	t
1	12.706	21	2.080	41	2.020
2	4.303	22	2.074	42	2.018
3	3.182	23	2.069	43	2.017
4	2.776	24	2.064	44	2.015
5	2.571	25	2.060	45	2.014
6	2.447	26	2.056	46	2.013
7	2.365	27	2.052	47	2.012
8	2.306	28	2.048	48	2.011
9	2.262	29	2.045	49	2.010
10	2.228	30	2.042	50	2.009
11	2.201	31	2.040	55	2.004
12	2.179	32	2.037	60	2.000
13	2.160	33	2.035	65	1.997
14	2.145	34	2.032	70	1.994
15	2.131	35	2.030	75	1.992
16	2.120	36	2.028	80	1.990
17	2.110	37	2.026	85	1.988
18	2.101	38	2.024	90	1.987
19	2.093	39	2.023	100	1.984
20	2.086	40	2.021	∞	1.960

注1：自由度無限大（∞）の t の分布は標準正規分布に一致するため，本表の自由度無限大（∞）の t 臨界値は，有意水準5%の z の臨界値でもある。
注2：本表の数値は，R 3.3.2 の qt() 関数を使用して算出したものである。
注3：Excelでは，セルに「=T.INV.2 T(0.05, 自由度)」と入力することにより5%水準の t の臨界値を求めることができる。なお，T.INV.2 T関数で扱える自由度は整数のみで，小数点以下は切り捨てられる。

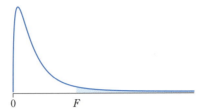

付表B　有意水準5%の F の臨界値（上側確率）

分母df	分子df								
	1	2	3	4	5	6	7	8	9
1	161.448	199.500	215.707	224.583	230.162	233.986	236.768	238.883	240.543
2	18.513	19.000	19.164	19.247	19.296	19.330	19.353	19.371	19.385
3	10.128	9.552	9.277	9.117	9.013	8.941	8.887	8.845	8.812
4	7.709	6.944	6.591	6.388	6.256	6.163	6.094	6.041	5.999
5	6.608	5.786	5.409	5.192	5.050	4.950	4.876	4.818	4.772
6	5.987	5.143	4.757	4.534	4.387	4.284	4.207	4.147	4.099
7	5.591	4.737	4.347	4.120	3.972	3.866	3.787	3.726	3.677
8	5.318	4.459	4.066	3.838	3.687	3.581	3.500	3.438	3.388
9	5.117	4.256	3.863	3.633	3.482	3.374	3.293	3.230	3.179
10	4.965	4.103	3.708	3.478	3.326	3.217	3.135	3.072	3.020
11	4.844	3.982	3.587	3.357	3.204	3.095	3.012	2.948	2.896
12	4.747	3.885	3.490	3.259	3.106	2.996	2.913	2.849	2.796
13	4.667	3.806	3.411	3.179	3.025	2.915	2.832	2.767	2.714
14	4.600	3.739	3.344	3.112	2.958	2.848	2.764	2.699	2.646
15	4.543	3.682	3.287	3.056	2.901	2.790	2.707	2.641	2.588
16	4.494	3.634	3.239	3.007	2.852	2.741	2.657	2.591	2.538
17	4.451	3.592	3.197	2.965	2.810	2.699	2.614	2.548	2.494
18	4.414	3.555	3.160	2.928	2.773	2.661	2.577	2.510	2.456
19	4.381	3.522	3.127	2.895	2.740	2.628	2.544	2.477	2.423
20	4.351	3.493	3.098	2.866	2.711	2.599	2.514	2.447	2.393
25	4.242	3.385	2.991	2.759	2.603	2.490	2.405	2.337	2.282
30	4.171	3.316	2.922	2.690	2.534	2.421	2.334	2.266	2.211
35	4.121	3.267	2.874	2.641	2.485	2.372	2.285	2.217	2.161
40	4.085	3.232	2.839	2.606	2.449	2.336	2.249	2.180	2.124
45	4.057	3.204	2.812	2.579	2.422	2.308	2.221	2.152	2.096
50	4.034	3.183	2.790	2.557	2.400	2.286	2.199	2.130	2.073
60	4.001	3.150	2.758	2.525	2.368	2.254	2.167	2.097	2.040
70	3.978	3.128	2.736	2.503	2.346	2.231	2.143	2.074	2.017
80	3.960	3.111	2.719	2.486	2.329	2.214	2.126	2.056	1.999
90	3.947	3.098	2.706	2.473	2.316	2.201	2.113	2.043	1.986
100	3.936	3.087	2.696	2.463	2.305	2.191	2.103	2.032	1.975

注1：本表の数値は，R 3.3.2 の qf() 関数を使用して算出したものである。
注2：Excelでは，セルに「=F.INV.RT(0.05, 分子df, 分母df)」と入力することにより，5%水準の F の臨界値を求めることができる。

付録2 統計表

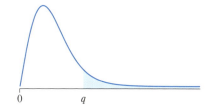

付表C 有意水準5%のステューデント化された範囲 q の臨界値

df	水準数								
	2	3	4	5	6	7	8	9	10
2	6.080	8.331	9.799	10.881	11.734	12.435	13.028	13.542	13.994
3	4.501	5.910	6.825	7.502	8.037	8.478	8.852	9.177	9.462
4	3.927	5.040	5.757	6.287	6.706	7.053	7.347	7.602	7.826
5	3.635	4.602	5.218	5.673	6.033	6.330	6.582	6.801	6.995
6	3.460	4.339	4.896	5.305	5.628	5.895	6.122	6.319	6.493
7	3.344	4.165	4.681	5.060	5.359	5.606	5.815	5.997	6.158
8	3.261	4.041	4.529	4.886	5.167	5.399	5.596	5.767	5.918
9	3.199	3.948	4.415	4.755	5.024	5.244	5.432	5.595	5.738
10	3.151	3.877	4.327	4.654	4.912	5.124	5.304	5.460	5.598
11	3.113	3.820	4.256	4.574	4.823	5.028	5.202	5.353	5.486
12	3.081	3.773	4.199	4.508	4.750	4.950	5.119	5.265	5.395
13	3.055	3.734	4.151	4.453	4.690	4.884	5.049	5.192	5.318
14	3.033	3.701	4.111	4.407	4.639	4.829	4.990	5.130	5.253
15	3.014	3.673	4.076	4.367	4.595	4.782	4.940	5.077	5.198
16	2.998	3.649	4.046	4.333	4.557	4.741	4.896	5.031	5.150
17	2.984	3.628	4.020	4.303	4.524	4.705	4.858	4.991	5.108
18	2.971	3.609	3.997	4.276	4.494	4.673	4.824	4.955	5.071
19	2.960	3.593	3.977	4.253	4.468	4.645	4.794	4.924	5.037
20	2.950	3.578	3.958	4.232	4.445	4.620	4.768	4.895	5.008
25	2.913	3.523	3.890	4.153	4.358	4.526	4.667	4.789	4.897
30	2.888	3.486	3.845	4.102	4.301	4.464	4.601	4.720	4.824
35	2.871	3.461	3.814	4.066	4.261	4.421	4.555	4.671	4.773
40	2.858	3.442	3.791	4.039	4.232	4.388	4.521	4.634	4.735
45	2.848	3.428	3.773	4.018	4.209	4.364	4.494	4.606	4.705
50	2.841	3.416	3.758	4.002	4.190	4.344	4.473	4.584	4.681
60	2.829	3.399	3.737	3.977	4.163	4.314	4.441	4.550	4.646
70	2.821	3.386	3.722	3.960	4.144	4.293	4.419	4.527	4.621
80	2.814	3.377	3.711	3.947	4.129	4.277	4.402	4.509	4.603
90	2.810	3.370	3.702	3.937	4.118	4.265	4.389	4.495	4.588
100	2.806	3.365	3.695	3.929	4.109	4.256	4.379	4.484	4.577

注1:本表の数値は,R 3.3.2 の qtukey() 関数を使用して算出したものである。
注2:Excelには,ステューデント化された範囲の臨界値や確率密度を求める関数は用意されていない。

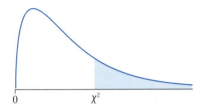

付表 D	有意水準 5%の χ^2 の臨界値				
df	χ^2	df	χ^2	df	χ^2
1	3.841	21	32.671	41	56.942
2	5.991	22	33.924	42	58.124
3	7.815	23	35.172	43	59.304
4	9.488	24	36.415	44	60.481
5	11.070	25	37.652	45	61.656
6	12.592	26	38.885	46	62.830
7	14.067	27	40.113	47	64.001
8	15.507	28	41.337	48	65.171
9	16.919	29	42.557	49	66.339
10	18.307	30	43.773	50	67.505
11	19.675	31	44.985	55	73.311
12	21.026	32	46.194	60	79.082
13	22.362	33	47.400	65	84.821
14	23.685	34	48.602	70	90.531
15	24.996	35	49.802	75	96.217
16	26.296	36	50.998	80	101.879
17	27.587	37	52.192	85	107.522
18	28.869	38	53.384	90	113.145
19	30.144	39	54.572	100	124.342
20	31.410	40	55.758	120	146.567

注1：本表の数値は，R 3.3.2 の qchisq() 関数を使用して算出したものである。
注2：Excel では，セルに「=CHISQ.INV.RT(0.05, 自由度)」と入力することにより，5%水準の χ^2 の臨界値を求めることができる。

索　引

ア　行

イータ　138
イェーツ（Yates）の修正　129
1元配置分散分析　106
1要因分散分析　105
一般線形モデル　154
因子　163, 165, 186
因子回転　166
因子寄与率　170, 171
因子構造　176
因子抽出　166
因子得点　178
因子得点係数　180
因子の解釈　177
因子パターン　176
因子負荷量　165, 171
因子分析　161, 163, 185

ウェルチ（Welch）の検定　101

影響関係　186
エラーバー　56

カ　行

回帰係数　149
回帰式　149
回帰直線　148
回帰分析　145, 185
回帰モデル　149
階級　18
カイザー・ガットマン基準　169
カイザー基準　169

下位尺度　180
下位尺度得点　180
外生変数　187
回転　172
確認的因子分析　163
撹乱項　186
撹乱変数　186
確率分布　68
確率密度　68
学力偏差値　30
下限値　78
仮説的構成概念　163
片側確率　79, 111
間隔尺度　3, 5
間隔尺度データ　5
間隔データ　5
間接効果　189
観測値　125
観測度数　125
観測変数　165, 186

幾何平均　13
危険率　85
記述統計　2, 13, 64
基準変数　149
期待値　125
期待度数　125
帰無仮説　84, 89
95％信頼区間　78
共通性　165, 171
共分散　32, 35, 187
共分散構造分析　185

区間推定 70, 75
クラメール（Cramer）の連関係数（V）
　45, 46, 140
クロス集計表 50
クロス表 50

決定係数 41, 153, 155
顕在変数 186
検証的因子分析 163, 180
検定力 86

効果量 135, 136
交互作用 118
構造行列 176
構造方程式 189
構造方程式モデリング 185
構造モデル 190
コーエンの d 136
誤差 108
誤差線 56
50％点 25
固有値 169

サ　行

最小2乗法 151, 168
最頻値 13, 17
最尤法 168
差の不偏分散 95
残差 108, 130
残差分散 131
残差分析 130
算術平均 13
散布図 57
散布度 21
サンプル 66

式 148
質的データ 9
四分位数 21, 25
四分位範囲 25
四分偏差 25, 26
四分領域 25, 26
尺度 3
尺度水準 3
斜交回転 174, 175
主因子法 168
重回帰分析 156
重相関係数 153
従属変数 106
自由度 71, 78
周辺度数 50
主効果 108
順位尺度 6
順位相関係数 42
順序尺度 3, 6
順序尺度データ 7
順序データ 7
上限値 78
信頼区間 56, 76

推計統計 64
水準 106
推測統計 64, 65
推定 67
スクリー基準 169
スクリープロット 169
ステューデント化された範囲 114
ステューデント（Student）の検定 100
ステューデントの t 78
スピアマン（Spearman）の順位相関係数
　42

正規分布　25, 68
正の相関関係　35
絶対値　92
切片　149
説明変数　149
セル　50
潜在変数　165, 186

相加平均　13
相関　187
相関行列　51, 167
相関係数　39, 167
相関比　138
総合効果　189
総度数　50
測定値　11
測定変数　186
測定方程式　189
測定モデル　189

タ　行

第1四分位数　25
第1種の誤り　85, 105
第3四分位数　25
第2四分位数　25
第2種の誤り　85
代表値　13
対立仮説　84
多重共線性　160
多重比較　113
多変量解析　52, 144
単回帰分析　146
探索的因子分析　163
単純構造　173

中央値　13, 16, 25
中心傾向　13
調整済み決定係数　159
調整済み標準化残差　132
調和平均　13, 114
直接効果　188
直交回転　174
散らばり　21

定数　11
定数項　149
定性的データ　9
定量的データ　9
データ　10, 11
適合度　183
適合度検定　124, 125
テューキー=クレイマー（Tukey-Kramer）
　　法　114
テューキー（Tukey）のHSD法　114
点推定　70

統計　64
統計的検定　64, 83
独立　127
独立性検定　124, 127
独立標本　98
独立変数　106
度数　17
度数分布表　17, 49

ナ　行

内生変数　187
75%点　25

2元配置分散分析　116

索　引

25％点　25
2要因分散分析　105, 116

ノンパラメトリック　67

ハ　行

箱ひげ図　54
パス　185
パス係数　187
パス図　185
外れ値　15, 54
パターン行列　176
パラメータ　68
パラメトリック　67
バリマックス回転　174
範囲　26
反復主因子法　168

ピアソン（Pearson）の積率相関係数　39
ヒストグラム　53
標準化　29, 39, 158
標準化回帰係数　158
標準化残差　131
標準誤差　56, 74, 89, 136
標準正規分布　69, 90
標準得点　29, 69
標準偏差　21, 24, 56, 69, 72, 136
標本　66
標本分散　70
標本平均　70
比率　4
比率尺度　3, 4
比率尺度データ　4
比率データ　4
比例尺度　4

フィッシャー（Fisher）の正確確率検定　130
負の相関関係　35
不偏分散　71, 92
プロマックス回転　175
分散　22, 69, 108
分散拡大係数　160
分散共分散行列　52
分散説明率　41
分散分析　105
分散分析表　112

平均値　13, 69
平均平方　112
平方和　112
偏イータ2乗　138
偏回帰係数　156
偏差　22, 33
偏差値　30
変数　10, 11, 185
変量　11

棒グラフ　52
母集団　66
母数　68
ボックスプロット　54
母分散　70
母分散の推定値　99
母平均　70
ボンフェローニ（Bonferroni）法　113

マ　行

無作為抽出　66

名義尺度　3, 8

名義尺度データ 8
名義データ 8
メディアン 16

モード 17
目的変数 149
モデル 148

ヤ 行
有意確率 86
有意水準 85, 90

要因 105
要約統計 2, 64

ラ 行
離散データ 9, 53
離散変数 10
両側確率 79, 91
量的データ 9

臨界値 90

累積寄与率 171
累積度数 49
累積パーセント 49

レベル 106
連関 45
連関係数 45
連続データ 9, 53
連続変数 10

欧 字
ANOVA 105
CI 76
SD 25
SE 74
SEM 185
ϕ（ファイ）係数 45, 140
χ^2（カイ2乗）検定 124

著者紹介

芝田 征司
  しばた せいじ

1995 年　同志社大学文学部卒業
2003 年　同志社大学大学院文学研究科博士後期課程単位取得退学
2005 年　同志社大学大学院文学研究科博士後期課程修了
　　　　　博士（心理学）
現　在　相模女子大学人間社会学部教授

主要著書・訳書

『知覚・認知心理学入門』（共著）（サイエンス社，2024）
『数学が苦手でもわかる心理統計法入門ワークブック』（サイエンス社，2021）
『環境心理学の視点——暮らしを見つめる心の科学——』（サイエンス社，2016）
"Safety and security in transit environments : An interdisciplinary approach"
　　（分担執筆）（London：Palgrave，2015）
『自然をデザインする——環境心理学からのアプローチ——』（分担翻訳）（誠信
　　書房，2009）
『心理学概論』（分担執筆）（ナカニシヤ出版，2006）
『こころの科学』（分担執筆）（東洋経済新報社，2003）

数学が苦手でもわかる
心理統計法入門
———基礎から多変量解析まで———

2017 年 9 月 10 日 Ⓒ	初 版 発 行
2025 年 3 月 10 日	初版第 6 刷発行

著 者　芝 田 征 司　　発行者　森 平 敏 孝
　　　　　　　　　　　印刷者　加 藤 文 男

発行所　株式会社　サイエンス社

〒151-0051　東京都渋谷区千駄ヶ谷1丁目3番25号
営業 ☎(03)5474-8500(代)　　振替 00170-7-2387
編集 ☎(03)5474-8700(代)
FAX ☎(03)5474-8900

印刷・製本　加藤文明社
《検印省略》

本書の内容を無断で複写複製することは、著作者および出版者の権利を侵害することがありますので、その場合にはあらかじめ小社あて許諾をお求め下さい。

サイエンス社のホームページのご案内
https://www.saiensu.co.jp
ご意見・ご要望は
jinbun@saiensu.co.jp まで.

ISBN978-4-7819-1408-4

PRINTED IN JAPAN

心理・教育のための 統計法〈第3版〉

山内光哉 著
A5 判・288 頁・本体 2,550 円（税抜き）

本書は，初学者に分かりやすいと定評のベストセラーテキストの第 3 版です．これまでやや詳しすぎた箇所を思い切って割愛し，中・後章部分に筆を加えました．とくに分散分析の部分は一層分かりやすいよう稿を改め，「2 要因被験者内分散分析」を新たに加えました．また，多重比較もより分かりやすくし，他書ではあまりふれられていない「ノンパラメトリック法」も追加しました．各章末の練習問題も，これまで解答が省略されていたものについて解を与えました．同著者による『心理・教育のための 分散分析と多重比較』と併せて学習することにより，統計法の初歩から実践までを習得できるよう工夫されています．

【主要目次】
- 1章　序論——統計法と測定値の取り扱い
- 2章　度数分布と統計図表
- 3章　中心傾向の測度
- 4章　得点の散布度
- 5章　正規分布と相対的位置の測度
- 6章　直線相関と直線回帰
- 7章　母集団と標本
- 8章　統計的仮説の検定と区間推定——理論と基本的な考え方
- 9章　2つの平均値の差の検定
- 10章　分散分析入門——1要因被験者間分散分析と多重比較
- 11章　もっとすすんだ分散分析——要因計画と被験者内分散分析
- 12章　カイ2乗検定
- 13章　順位による検定法
- 14章　ピアスンのrの検定と種々な相関係数

サイエンス社

数学が苦手でもわかる
心理統計法入門
——基礎から多変量解析まで——

2017 年 9 月 10 日 Ⓒ	初 版 発 行
2025 年 3 月 10 日	初版第 6 刷発行

著 者　芝 田 征 司　　　発行者　森 平 敏 孝
　　　　　　　　　　　　　印刷者　加 藤 文 男

発行所　株式会社　サイエンス社

〒151-0051　東京都渋谷区千駄ヶ谷 1 丁目 3 番 25 号
営業 ☎ (03) 5474-8500 (代)　　振替 00170-7-2387
編集 ☎ (03) 5474-8700 (代)
FAX ☎ (03) 5474-8900

印刷・製本　加藤文明社
《検印省略》

本書の内容を無断で複写複製することは，著作者および出版者の権利を侵害することがありますので，その場合にはあらかじめ小社あて許諾をお求め下さい。

サイエンス社のホームページのご案内
https://www.saiensu.co.jp
ご意見・ご要望は
jinbun@saiensu.co.jp　まで．

ISBN978-4-7819-1408-4

PRINTED IN JAPAN

心理・教育のための統計法〈第3版〉

山内光哉 著
A5判・288頁・本体 2,550円（税抜き）

本書は，初学者に分かりやすいと定評のベストセラーテキストの第3版です．これまでやや詳しすぎた箇所を思い切って割愛し，中・後章部分に筆を加えました．とくに分散分析の部分は一層分かりやすいよう稿を改め，「2要因被験者内分散分析」を新たに加えました．また，多重比較もより分かりやすくし，他書ではあまりふれられていない「ノンパラメトリック法」も追加しました．各章末の練習問題も，これまで解答が省略されていたものについて解を与えました．同著者による『心理・教育のための 分散分析と多重比較』と併せて学習することにより，統計法の初歩から実践までを習得できるよう工夫されています．

【主要目次】

- 1章 序論——統計法と測定値の取り扱い
- 2章 度数分布と統計図表
- 3章 中心傾向の測度
- 4章 得点の散布度
- 5章 正規分布と相対的位置の測度
- 6章 直線相関と直線回帰
- 7章 母集団と標本
- 8章 統計的仮説の検定と区間推定——理論と基本的な考え方
- 9章 2つの平均値の差の検定
- 10章 分散分析入門——1要因被験者間分散分析と多重比較
- 11章 もっとすすんだ分散分析——要因計画と被験者内分散分析
- 12章 カイ2乗検定
- 13章 順位による検定法
- 14章 ピアスンのrの検定と種々な相関係数

サイエンス社

新心理学ライブラリ 14

心理統計法への招待
——統計をやさしく学び身近にするために——

中村知靖・松井　仁・前田忠彦 著

A5 判・272 頁・本体 2,300 円（税抜き）

本書は記述統計と推測統計を基礎から学べる教科書である．分散分析の基本的な考え方から多重比較，より複雑なものまでを解説した．また，初学者にもわかりやすいよう多数の図表を用いた．囲み記事で統計ソフトの使い方も紹介する．2色刷．

【主要目次】
1章　心理統計法入門
2章　度数分布表とグラフ
3章　代表値と散布度
4章　相関と回帰
5章　確率と確率分布
6章　正規分布と標本分布
7章　検定と区間推定：1標本
8章　検定と区間推定：2標本
9章　分散分析入門
10章　少し複雑な分散分析
11章　度数データの検定
12章　順位データの検定

サイエンス社

環境心理学の視点
暮らしを見つめる心の科学

芝田征司 著

A5判・256頁・本体 2,300 円（税抜き）

本書は，学際的な研究領域として発展の目覚ましい環境心理学の入門テキストです．知覚や認知といった心理学的な内容のほか，建築学や犯罪学，社会学などのさまざまな領域に関連した内容について，身近で日常的な場面を例として取り上げ，本書を読みながら体験できるように工夫して解説しています．何気ない日常の中に，知的探求のきっかけを見つけることのできる一冊です．

【主要目次】
- 第1章　環境と心理学
- 第2章　環境の知覚と認知
- 第3章　環境と対人行動
- 第4章　環境と心身の健康
- 第5章　環境と住まい
- 第6章　環境と労働・学び
- 第7章　環境と安全・安心
- 第8章　環境と災害
- 第9章　環境のデザイン
- 第10章　環境の保護

サイエンス社